LACAN
LE RETOUR À FREUD
MICHEL LAPEYRE, MARIE-JEAN SAURET

Sommaire

Années de formation
Le jeune Lacan   4-5
Lacan surréaliste   6-7
Lacan psychiatre   8-9
Wallon, Lœwenstein, Bion   10-11
Lacan et la philosophie   12-13

Retour à Freud
Fonction et champ de la parole et du langage   14-15
L'inconscient structuré comme un langage   16-17
Besoin-demande-désir   18-19
La métaphore paternelle et la psychose   20-21
Pulsion et pulsion de mort   22-23
Le réel et l'objet   24-25
Fantasme et symptôme   26-27
Les jouissances   28-29
Le lien social   30-31

Réinventer la psychanalyse
Le sujet et la science   32-33
Mathème et topologie   34-35
La direction de la cure   36-37
Les présentations de malades du Dr Lacan   38-39
La formation du psychanalyste   40-41
Un rhéteur, un lettré, un poète   42-43

Changer l'institution psychanalytique
Lacan et l'IPA : scission et excommunication   44-45
L'enseignement : le séminaire, le département de Paris VIII   46-47
Une école pour les psychanalystes   48-49
Le testament de Lacan   50-51

Héritage ou transmission ?
Héritiers et successeurs, essaim ou nébuleuse   52-53
Le champ lacanien, Lacan et la politique   54-55
De Freud à Lacan   56-57
De Freud à Lacan : tableaux comparatifs   58-59

Approfondir
Glossaire   60 à 62
Bibliographie   63
Index   63

Les mots suivis d'un astérisque (*) sont expliqués dans le glossaire.

« Je suis celui qui a lu Freud »

Au XXᵉ siècle et après Freud (1856-1939), le nom de Lacan le psychanalyste s'impose. Sans doute la psychanalyse aurait rejoint le giron de la psychologie, d'où son fondateur l'a extraite, sans le mouvement de « retour à Freud » impulsé par Lacan. Psychanalyse bien sûr, psychiatrie, littérature, cinéma, théâtre, poésie et même sciences exactes, tous les champs du savoir ont été contaminés par l'enseignement de Jacques Lacan. C'est dire combien Lacan mérite de figurer dans une collection qui fait place aux noms qui ont contribué à faire ce que nous sommes. C'est dire aussi la difficulté de donner un aperçu de la vie et de l'œuvre dans un cadre aussi restreint. D'autant que Lacan n'a cessé de remanier les concepts qu'il forgeait au fur et à mesure de sa propre réinvention de la psychanalyse. À défaut de les résoudre, nous espérons transmettre et non gommer les problèmes qu'il nous laisse. Les difficultés invitent le lecteur à s'expliquer : son consentement, attendu par Lacan, met le lecteur en position… d'analysant ! Lacan avait prédit sa réduction en formules toutes faites. Relevons le défi, pour tenter de ne point trop faire obstacle à tout lecteur nouveau. Puisse chacun trouver dans ce qui reste difficile la marque d'une fidélité à son enseignement, une invitation à y mettre du sien pour y entrer, et l'occasion d'une rencontre !

« Je ne pense pas vous livrer mon enseignement sous la forme d'un comprimé, ça me paraît difficile. On fera peut-être ça plus tard, c'est toujours comme ça que ça finit. Quand vous êtes disparu depuis suffisamment de temps, vous vous résumez en trois lignes dans les manuels. On ne sait pas de quoi d'ailleurs ; pour l'occasion, je ne peux prévoir dans quel manuel je serai inséré pour la raison que je ne prévois rien de l'avenir de ce à quoi se rapporte mon enseignement, c'est-à-dire la psychanalyse. »
Jacques Lacan, 1967.

Le jeune Lacan

Du jeune Lacan, on peut dire que le trait essentiel fut de se distinguer, par son originalité, de son milieu.

Une famille bourgeoise et conservatrice

Celui que nous appelons Lacan (ou le docteur Lacan) est né à Paris, dans une famille aisée, catholique, cléricale. Le grand-père, Émile, représentant de la firme Dessaux (vinaigrier) avait épousé la sœur du patron de l'entreprise : c'était un personnage autoritaire, voire tyrannique. Le père de Lacan, Alfred, ancien petit séminariste, plus effacé, a poursuivi la tradition familiale. Il épouse, en 1900, Émilie Baudry marquée, elle, par l'influence janséniste. Jacques, Marie, Émile Lacan naît le 13 avril 1901. Suivront Raymond, en 1902 (mort deux ans plus tard), Madeleine en 1903, Marc en 1907 – qui entrera plus tard dans les ordres comme bénédictin. Déjà, un mélange : côté paternel, une religiosité traditionaliste de type provincial, côté maternel, austérité et idéalisme.

Un milieu

On a là une idée du « bain » où se trouve plongé d'emblée le jeune Lacan : une ambiance marquée par le cléricalisme, l'hostilité à la République et aux idéaux de la laïcité. Ce qui se confirmera avec l'entrée de Jacques au célèbre collège Stanislas à Paris : un collège où se mêlent curieusement une tradition conservatrice antirépublicaine et l'empreinte du catholicisme social. Au lieu de se faire le pur produit de cette ambiance, le jeune Lacan se démarque : excellent dans les études religieuses, le latin et le grec, il s'intéresse aussi très tôt à la philosophie et notamment à Spinoza (1632-1677), fort peu

formation   Freud   réinventer la psychanaly

prisé dans les références humanistes du collège et de la famille. Mais surtout, suite à des échanges et des amitiés, y compris avec certains de ses professeurs plutôt rationalistes (tel Jean Baruzi, spécialiste de saint Jean de la Croix), il s'applique à passer d'un « catholicisme dévot » à un « catholicisme érudit et aristocratique ». Il va rompre alors, peu à peu, avec son milieu familial.

Des fréquentations

Outre les rencontres que permet le collège, tel le futur physicien Louis Leprince-Ringuet, Robert de Saint-Jean (ami de l'écrivain Julien Green), il s'introduit dans les milieux les plus divers, littéraires, politiques : il fréquente la librairie d'Adrienne Monnier qui accueille André Gide, Jules Romains, Paul Claudel et où il assiste à la lecture publique d'*Ulysse* de l'Irlandais James Joyce. Il s'intéresse au dadaïsme et au surréalisme, discute avec André Breton et Philippe Soupault (*voir* pp. 6-7). Il rencontre aussi Charles Maurras et participe à des réunions de l'Action Française, mouvement nationaliste. Il vérifie ainsi, dans une sorte de radicalisme élitiste, son rejet de la foi, des valeurs chrétiennes et, par là, de l'univers familial.

« Historiole »

Ce jeune homme qui, dès lors, fait scandale par sa conduite et ses idées (il va jusqu'à faire l'éloge de Nietzsche (1844-1900), philosophe de la mort de Dieu, au banquet du collège !) traverse cette période en maintenant ses distances avec son entourage. Aux dires de ses proches d'alors, plutôt arrogant, fantaisiste, souffrant d'une sorte d'ennui, il intimide jusqu'à ses maîtres : bref, un dandy toujours prêt à la provocation.

Le jeune Lacan, un névrosé ? Sans doute, mais au fait de ce qui anime les débats intellectuels et artistiques, particulièrement sensible aux soubresauts de l'époque et fort soucieux d'y frayer une voie originale. Et, plus que non-conformiste, il n'oublie pas de jouer et de faire jouer les contradictions qui le traversent.

Lacan surréaliste

Le mouvement surréaliste a été en France, de 1924 à 1935, la principale avant-garde esthétique, intellectuelle et politique concernée par l'expérience de la folie et certaines découvertes de Freud. Il n'est pas étonnant que Lacan s'en soit approché quelque temps.

Le manifeste du surréalisme

Dans *Le Manifeste du surréalisme* de 1924, André Breton (1896-1966) revendique le droit au délire comme moteur de création : « *Ce n'est pas la crainte de la folie qui nous forcera à laisser en berne le drapeau de l'imagination.* » En 1927, il dénonce l'internement de celle qu'il avait baptisée Nadja et choisit comme bouc émissaire le professeur Henri Claude, chez qui Jacques Lacan va faire un stage d'interne en 1931, signant quelques articles sur la psychose et, en particulier « Écrits "inspirés" : schizographie ».

> **Les *Écrits***
> Ils contiennent un autre vers de Lacan :
> « *L'amour est un caillou riant dans le soleil.* »

Ce n'est pourtant pas le tintamarre surréaliste fait en 1928 autour de la célébration du « *cinquantenaire de l'hystérie** », exaltant « *l'irruption de l'irrationnel dans le domaine scientifique* », ni les exercices d'écriture automatique auxquels Breton soumet ses disciples, qui amènent Lacan à fréquenter les surréalistes.

La paranoïa critique

En 1930, le peintre espagnol Salvador Dalí (1904-1989) expose sa méthode « paranoïaque-critique » dans *L'Âne pourri*. Lacan rencontre celui qui s'est auto-proclamé « grand paranoïaque ». Peut-être trouve-t-il dans les élaborations sur le double de ce dernier, des arguments pour le stade du miroir* et la structure paranoïaque de la « connaissance humaine ». Sans doute cette rencontre n'est pas étrangère à la conception de Lacan, plus tardive, de la direction de la cure comme « paranoïa dirigée ».

formation   Freud   réinvente la psychana

Paul Éluard (1895-1952) et Breton se servent de la méthode de Dalí pour fabriquer l'*Immaculée Conception*, essai de simulation d'écriture psychotique. À la même époque, Lacan fait une analyse très fine des écrits d'une patiente, en n'omettant pas de citer cet ouvrage (*voir* citation ci-contre).

> « *Les expériences faites par certains écrivains sur un mode d'écriture qu'ils ont appelé surréaliste, et dont ils ont décrit très scientifiquement la méthode, montrent à quel degré d'autonomie remarquable peuvent atteindre les automatismes graphiques en dehors de toute hypnose.* »
> Jacques Lacan, *Écrits* « inspirés », 1931.

> « *Choses, que coule en vous la sueur ou la sève, Formes, que vous naissiez de la forge ou du sang, Votre torrent n'est pas plus dense que mon rêve...* »
> Jacques Lacan, *Hiatus irrationalis*, *Le Phare de Neuilly*, 1933.

Le « cas Aimée » et la revue *Minotaure*

Le premier écrit connu de Lacan est un poème, *Hiatus irrationalis*, paru en 1933 dans le recueil *Le Phare de Neuilly*, aux côtés de ceux de Hans Arp, Miguel Ángel Asturias, Raymond Queneau ! Sa facture très aboutie à donner à penser qu'il a pu en exister d'autres.

Éluard recueille des extraits des écrits d'Aimée, le cas de la thèse de doctorat de Lacan, sous la rubrique « poésie involontaire ». La thèse elle-même – *De la psychose paranoïaque dans ses rapports avec la personnalité* – reçoit un accueil enthousiaste : René Crevel (1900-1935) attend de Lacan qu'il reprenne le flambeau freudien pour fonder une « psycho-dialectique » ; Dalí y trouve des arguments pour sa méthode. Lacan fréquente alors le groupe et il est sollicité pour écrire un article dans le premier numéro de la revue *Minotaure* que Breton a conçue comme un lieu d'échanges inter-disciplinaires (Lacan y rencontrera l'écrivain-ethnologue Michel Leiris et l'écrivain-anthropologue Roger Caillois). Ce sera : « Le problème du style et la conception psychiatrique des formes paranoïaques de l'expérience » (1933). La même année, il donnera à la revue un second texte : « Motif du crime paranoïaque : le crime des sœurs Papin » (*voir* pp. 8-9). Ce sont là les « rejetons » de sa thèse, revue à la lumière de l'hégéliano-marxisme surréaliste. Lacan conservera longtemps des liens amicaux avec certains surréalistes : Leiris, Queneau, Prévert, André Masson et Tristan Tzara.

> Le style de Lacan a retenu l'attention des poètes de son temps, et les surréalistes l'ont compté comme l'un des leurs. Juste retour des choses, c'est au poète qu'il empruntera sa conception de l'interprétation psychanalytique.

Lacan psychiatre

Jacques Lacan fera école par sa façon d'aborder la maladie mentale et par son écoute de ceux qui en souffrent.

Un autre regard sur la folie

Son ami d'internat, Henri Ey, est le premier à reconnaître Lacan malgré leur divergence. Tous deux participent à ce mouvement des idées qui, dans les années 1930, permet de porter un autre regard sur la folie.

De Clérambault, le maître

Ses études médicales conduisent Lacan à la neurologie puis à la psychiatrie. Il se forge une solide culture psychiatrique mais lui-même ne reconnaîtra plus tard que Gaëtan Gatian de Clérambault (1872-1934), « *notre seul maître en psychiatrie* ». Ce médecin-chef de l'Infirmerie spéciale des aliénés de la Préfecture de police de Paris s'est particulièrement intéressé aux psychoses passionnelles, surtout chez la femme (érotomanie). Avec lui, Lacan apprend la structure de « *l'automatisme mental* », reliquat d'une pensée ancestrale que de Clérambault appelle aussi « *pensée élémentaire* ». À une époque où la clinique des psychoses s'éparpille en une liste impressionnante de délires classés selon leur thématique, de Clérambault a réussi à dégager un noyau commun, un trouble « *pour ainsi dire moléculaire de la pensée élémentaire* ». Le délire n'est pour lui qu'un élément surajouté, construit à partir de ce noyau, au prix d'un travail intellectuel. Cependant, il a l'idée que l'origine d'un tel trouble est organique : c'est là que Lacan s'écarte, considérant cette thèse comme une métaphore dont il ne garde que la structure. Pour Lacan, il y a des phénomènes élémentaires dans la psychose qui précèdent l'éclosion du délire et témoignent d'une perturbation profonde de la relation du sujet* au langage. Ces phénomènes montrent que le langage y parle tout seul.

La thèse

L'influence de de Clérambault se note aussi dans l'intérêt de Lacan pour la paranoïa féminine. L'exemple le plus frappant est sa thèse rédigée en 1932 et qui relate sa rencontre avec Marguerite. Le 18 avril 1931, Marguerite tente d'assassiner la comédienne Huguette Duflos au théâtre Saint-Georges. Depuis un certain

« *À la fin de mes études de médecine je fus amené à voir des fous et à en parler et fus ainsi conduit à Freud qui en parla dans un style qui, à moi aussi, s'est imposé du fait de mon contact avec la maladie mentale.* »
Jacques Lacan, *Scilicet* n° 6/7, 1976.

formation | Freud | réinventer la psychanalyse

temps, elle se sentait persécutée par cette femme en vue, ainsi que par l'écrivain Pierre Benoit à qui elle reprochait de faire allusion dans ses romans à sa vie privée. Elle-même s'est essayée, sans succès, à l'écriture de deux romans. Dans l'un d'eux, elle mettait en scène sa folie sous les traits d'Aimée. C'est ainsi que Lacan la nomme dans sa thèse, qui

> **Entrée en psychanalyse**
>
> **Lacan considérait que le cas Aimée l'avait introduit à la psychanalyse. À cette époque, il entreprit l'étude de l'œuvre de Freud et commença sa propre analyse.**

démontre qu'il s'agit d'une « paranoïa d'autopunition ». Lacan avait été frappé par la rémission du délire lors de l'emprisonnement de la patiente comme si cette punition l'avait soulagée. Aimée accusait l'actrice d'être la responsable du désordre du monde. La chute de la culpabilité du fait de l'emprisonnement prouve que, contrairement à l'affirmation du délire, elle est la véritable coupable. La folie paranoïaque consiste en cette méconnaissance essentielle.

Les sœurs Papin

Dans la revue surréaliste *Minotaure*, et dans le même esprit, Lacan commente le crime des sœurs Papin. Ces deux sœurs, employées dans la même maison, un soir, à l'occasion d'une panne d'électricité due à leur maladresse, assassinent leur maîtresse et sa fille qui leur en auraient fait la remontrance. Le crime est atroce et met en acte un délire paranoïaque partagé ; ce couple mère-fille que les deux sœurs visent n'est autre que le couple gémellaire qu'elles forment elles-mêmes.

Pour être qualifié comme psychiatre, Lacan dut passer le concours de médecin des Asiles. Malgré sa nomination au concours des médecins-chefs des Asiles en 1934, il se consacre à la pratique de la psychanalyse*. Il n'abandonne pas pour autant le dialogue avec la psychiatrie, qu'il enrichira de sa rencontre avec la philosophie et la psychanalyse et surtout par sa présentation de malades – au point que la psychiatrie française lui doit une part de sa spécificité.

> Lacan l'analyste a donc été marqué par ses débuts dans la psychiatrie : il y a rencontré des patients dont il a appris l'expérience subjective de la psychose.

Wallon, Lœwenstein, Bion

Le rapport de Lacan à la psychanalyse est marqué par le débat avec la psychologie.

Le cartel

1 – « *Quatre se choisissent, pour poursuivre un travail qui doit avoir son produit [...] propre à chacun.* »
2 – « *La conjonction des quatre se fait autour d'un Plus-Un, qui, s'il est quelconque, doit être quelqu'un. [...]* »
3 – « *Pour prévenir l'effet de colle, permutation doit se faire, au terme fixé d'un an, deux maximum.* »
4 – « *Aucun progrès n'est à attendre, sinon d'une mise à ciel ouvert périodique des résultats comme des crises du travail.* »
5 – « *Le tirage au sort assurera le renouvellement régulier des repères créés à fin de vectorialiser l'ensemble.* »
Jacques Lacan, « D'écolage », *Séminaire Dissolution*, leçon du 11 mars 1980.

Lacan et Wallon

Entre 1924 et 1940, de nouveaux courants philosophiques, issus du matérialisme dialectique, en rupture avec la religion et éclairés par le freudisme, conduisent à une critique de la psychologie et à une tentative de redéfinition.

Henri Wallon (1879-1962), médecin psychiatre et philosophe, plus connu comme psychologue de l'enfant, lecteur de Freud, enseignant au Collège de France, poursuit des recherches en psychogénétique. Il y introduit des expériences concernant la rencontre d'espèces animales avec l'image de leur corps dans un miroir : il publie, en 1931, un texte sur les origines du caractère chez l'enfant (*Les origines du caractère*), où il traite, à partir de l'épreuve du miroir à différents stades de l'intégration, de la notion du corps propre. Lacan utilise cette rencontre de l'enfant avec son reflet pour sa première élaboration : le « stade du miroir* ». Il y décrit le moment où l'enfant rencontre, par l'intermédiaire du regard de l'Autre* (maternel, par exemple), son image, dans une sorte de saisie unificatrice. Cette assomption de l'image du corps se paie d'une identification aliénante : « *Cette image, c'est moi.* » Le développement mental part de cette matrice originaire fondatrice du « *je* » – d'un « *je* » qui fait que le sujet*, capturé par son image, ne sait jamais qui il est « réellement ».

Lacan et Lœwenstein

Tout en terminant ses études de psychiatrie, Lacan entreprend, en 1932, une analyse* avec Rudolph Lœwenstein de la Société psychanalytique de Paris (SPP*) affiliée à l'Association internationale de psychanalyse (IPA*). L'analyse de Lacan est, semble-t-il, difficile et tumultueuse. Lœwenstein aurait confié

formation | Freud | réinventer la psychanalys

Le stade du miroir

Lacan définit le stade du miroir comme le drame « *du moi* » et de ses leurres identificatoires.

à des proches que Lacan était inanalysable. Lacan est un libre-penseur, très cultivé : se tenir à la hauteur d'un tel analysant* aurait nécessité une position d'invention permanente. Or, Lœwenstein est un analyste très conventionnel, formé avec les standards de l'IPA (séances de 50 min). Le transfert négatif qui s'instaure rapidement entre eux complique le cours de cette analyse. Cette expérience a sans doute permis à Lacan de construire sa théorie du « sujet supposé savoir » comme une des conditions du transfert. L'analyse se termine en 1938 quand, grâce à Édouard Pichon, autre analyste éminent, et contre l'avis de son analyste, Lacan est titularisé membre de la SPP. Bien qu'il ait promis de poursuivre sa cure, il l'interrompt aussitôt. Lacan a pu dire à plusieurs reprises qu'il enseignait en position d'analysant.

Lacan et Bion

Wilfred Ruprecht Bion (1897-1979), élève de Melanie Klein (1882-1960), s'est penché sur les groupes à partir du travail de Freud sur la psychologie des foules. Durant la Deuxième Guerre mondiale, l'armée britannique le charge de permettre à des militaires en difficulté d'insertion, de contribuer néanmoins à l'effort de guerre. Il a l'idée de créer de petits groupes autonomes avec une tâche fixe, définie, et un responsable, ni père dur, ni chef, utilisant la mise en lumière par Freud de l'identification du groupe à un trait de l'idéal du moi* du thérapeute. En 1964, au moment où Lacan fonde l'École Freudienne de Paris (EFP*) et détermine ses objectifs et les moyens qu'il donne à sa nouvelle École, il se souvient des petits groupes autonomes de Bion. Il propose le travail en cartel*, une unité de production et de travail qui choisit elle-même son « Plus-Un » qui oriente, pousse au travail et est responsable de la production de chacun avant de rentrer dans le rang, sa mission achevée.

Lacan tire profit de ses démêlés et de ses fréquentations avec la psychologie, avec son analyste, avec la psychiatrie anglaise : le stade du miroir, sa théorie du transfert, l'invention du cartel le démontrent.

Lacan et la philosophie

Si Lacan s'est dit anti-philosophe, ce n'est pas par dédain de la philosophie, au contraire.

Spinoza, Maurras, Nietzsche

Dès ses années de lycée, Lacan est initié à Spinoza (1632-1677). Il s'intéresse ensuite au « maurrassisme » qui lui donne sa première pose de dandy, avant de découvrir la « pensée allemande » en lisant Nietzsche (1844-1900) dans le texte (1925). Lacan s'est placé d'emblée sous le patronage de Spinoza dont il cita l'*Éthique* en épigraphe de sa thèse de médecine.

Jaspers

Lacan construit sa thèse de doctorat sur une lecture de la *Psychopathologie générale* (1913) de Karl Jaspers (1883-1969), dont il avait déjà détourné le concept de processus vers une théorie de la causalité plus proche de celle de Freud. La thèse reçoit un accueil enthousiaste des surréalistes (*voir* pp. 6-7). Lacan envisage de se présenter à l'agrégation de philosophie.

Koyré, Kojève...
Descartes, Hegel, Heidegger

Lacan aborde la phénoménologie hégélienne par la lecture d'Alexandre Koyré (1882-1964), avant d'assister au séminaire d'Alexandre Kojève à partir de 1934. Il découvre avec Koyré la naissance du sujet* de la science dans le « *cogito* » de Descartes (1596-1650). Avec Kojève et sa lecture très singulière de la *Phénoménologie de l'esprit* (1807), il se découvre lui-même hégélien. Cette référence mérite cependant d'être nuancée par l'influence de Martin Heidegger (1889-1976) à travers Kojève. Le désir* hégélien comme conscience de soi devient désir de désir, désir de l'Autre*, et la négation, un acte qui fonde le symbolique sur l'être-pour-la-mort, au-delà du néant :

formation | Freud | réinventer la psychanalyse

« *Le symbole se manifeste d'abord comme meurtre de la Chose et cette mort constitue dans le sujet l'éternisation de son désir.* » (1953)

La question de la vérité

Puis, Lacan définit la vérité dans son lien au discours. Sur ce point, sa célèbre prosopopée – « *Moi, la vérité, je parle* » – l'écarte de Heidegger. Le langage n'étant que représentation, le sujet lui-même n'y rencontre que son manque d'être. Aucun moyen de révéler la Chose nue dont on parle dans sa vérité « toute » : du coup, la méprise et le mensonge en disent plus sur ce qui est visé que ce qui est dit, sans espoir jamais de « *dire le vrai sur le vrai qui échappe* ».

Contre Sartre, avec Saussure et Jakobson

En fait, Lacan n'est pas plus heideggérien qu'il ne fut hégélien. S'il se sert de Heidegger, c'est en partie contre Jean-Paul Sartre (1905-1980), « *tenant patenté de la phénoménologie* ». Très vite, il transporte son intérêt pour l'ontologie du *logos* vers le logico-positivisme : « *Il n'y a pas de métalangage.* » Lacan considérera alors que, pour traiter de la vérité, il n'est pas d'autre sujet que celui de la science : d'où son retour à Koyré et à Descartes.

La remise en chantier du « cogito » cartésien selon la formule : « *Je pense où je ne suis pas, donc je suis où je ne pense pas* » s'accorde avec l'usage par Lacan des travaux linguistiques de Roman Jakobson (1896-1982) et une nouvelle lecture de Ferdinand de Saussure (1857-1913) qui l'amènent à une théorie du signifiant* où la division subjective est située dans la structure même du langage.

La question de l'éthique

Reste l'éthique. En 1960, Lacan réinterprétait l'éthique spinozienne du désir à travers Antigone, le personnage de Sophocle : le désir au-delà du Bien. La tragédie mise à la place de la philosophie, Lacan rompt enfin avec son hégélianisme et se rapproche de Heidegger dans sa tentative de franchir les limites de l'esthétique.

Marx dans le métro

La petite histoire raconte que Lacan lisait *Le Capital* de Marx dans le métro, dans la traduction de la Pléiade. En tout cas il saluera ce dernier comme l'inventeur du symptôme et empruntera à la « plus-value » pour sa propre théorie du « plus-de jouir ».

La fréquentation minutieuse des philosophes instruit Lacan et débouche sur sa position d'anti-philosophe (se servir de la philosophie pour sortir de la philosophie). Elle l'amène à Kant et à Sade (1962) : « *…la loi et le désir refoulé sont une seule et même chose, c'est même ce que Freud a découvert.* »

Fonction et champ de la parole et du langage

Freud le premier attire l'attention sur la structure langagière du rêve et du symptôme et sur le rapport à la parole des formations de l'inconscient. Lacan produit la théorie.

Une régression

Freud ne renie pas sa formation scientifique, ni la conception déterministe qu'il y a acquise, mais il insiste sur la spécificité du fait humain. Ainsi, dans la présentation clinique de la névrose, il préfère la méthode du romancier à l'observation de type médical et psychiatrique classique. Selon lui, l'explication doit rendre compte du matériau recueilli dans le traitement, sans égards pour les catégories philosophiques héritées du passé ou les théories biologiques du moment. Freud ne cédera pas sur cette option fondamentale, démarquant d'ailleurs la psychanalyse* de la médecine et des sciences de l'esprit.

Sigmund Freud.

La psychanalyse après Freud

Après Freud, on assiste à un recul et à une tentative de ses héritiers pour faire rentrer la psychanalyse dans le cadre des sciences humaines, notamment de la psychologie dite scientifique (behaviorisme) et dans le giron de la médecine.

Le retour à Freud

Lacan promeut un « retour à Freud » : comme retour au sens de la découverte freudienne. Celle-ci repose sur une méthode de « vérité » dont le souci de précision n'a rien à voir avec la préoccupation d'exactitude dont on qualifie (à tort d'ailleurs) la démarche des sciences dites « dures ». Cette méthode a des effets visibles : amélioration pour le patient et parfois véritable mutation subjective. Lacan est fondé à redéfinir à partir du « langage » non pas l'homme mais son mode d'être, et sa condition dans le monde : notre milieu, notre environnement, notre matière même, c'est le langage. Celui-ci n'est un moyen de représentation, un instrument d'expression et de communication que secondairement, car il est avant tout ce qui nous détermine et nous constitue.

Les rapports de la parole et du langage

S'ouvre à chacun, dès sa naissance, l'expérience de la place qui lui est faite et aussi de ce qu'il en fait. C'est une place paradoxale car, imposée ou proposée, elle n'existe et n'opère que dans la mesure où le sujet* la reconnaît et s'en empare. Déterminés dans et par le langage de diverses manières, nous sommes en quelque sorte appelés ou conduits à nous y situer, de différentes façons, au travers de la « parole » et des multiples emplois que nous en faisons quand nous la mettons en « fonction ». Aussi, au-delà de ce qui constitue sa destinée commune, chacun a à se fabriquer son destin. Il y parvient par le biais des nombreux types de rapports qui s'instaurent entre le langage et la parole : dans le discours commun de la culture ; dans les objectivations de la science ; ou, au mieux, dans cette chance de subjectivation*, cette incitation à tirer parti de sa particularité propre, que chacun peut être amené à rencontrer s'il se confronte à ce qui fait sa singularité, entre souffrance et création (et que Freud avait répertorié dans la clinique avec la série : inhibition, symptôme, angoisse).

Du symbole au signifiant

La psychanalyse ne lie pas le sort de chacun aux significations reçues ou au sens commun, préétablis dans la religion, la morale, le droit, la politique... voire la science. Elle fait dépendre ce sort des ressorts et des modes de « production » de la signification et du sens. Celui qui advient comme sujet a le choix de l'orientation qu'il assumera. Lacan met l'accent sur cet aspect, faisant passer la doctrine de la notion de symbole au concept de « signifiant* » : le symbole est ce qui figure quelque chose pour quelqu'un ; le signifiant est ce qui permet à chacun de se représenter sans pour autant se réduire à cette représentation.

Le langage

C'est le « champ » qui fait notre situation et notre peine (« *la situation incommode d'être homme* ») et dans lequel il nous reste à nous repérer.

« ...*le symptôme se résout tout entier dans une analyse de langage, parce qu'il est lui-même structuré comme un langage, qu'il est langage, dont la parole doit être délivrée.* » Jacques Lacan, *Écrits*, 1966.

Il faut chercher les ressorts de la technique de la psychanalyse et les fondements de sa doctrine à partir du champ du langage et de la fonction de la parole : la psychanalyse traite les développements de leurs rapports et aborde les aléas de la dialectique qui s'instaure entre eux dans l'expérience humaine.

L'inconscient structuré comme un langage

Issu d'une lecture suivie de trois grands textes freudiens, l'axiome « l'inconscient est structuré comme un langage » va constituer la boussole de Lacan pour explorer le champ ouvert par Freud.

Trois grands textes freudiens

L'Interprétation des rêves (1900), *Psychopathologie de la vie quotidienne* (1901-1904), *Le Mot d'esprit dans sa relation avec l'inconscient* (1905).

Ce que Freud découvre, Lacan le fonde

En 1953, vingt ans après son « stade du miroir* », Lacan prononce à Rome « Fonction et champ de la parole et du langage en psychanalyse* ». Ce rapport « d'orientation » fonde l'inconscient découvert par Freud, en le rapportant à ses conditions de langage. Cet inconscient n'est pas une chose concrète ni une entité directement appréhensible, mais le concept de ce qui opère pour constituer le sujet*.

L'inconscient est un concept

Freud infère ce concept de phénomènes (symptôme, rêve, lapsus, mot d'esprit, acte manqué) qui ont en commun de prendre sens et d'être intégrés à l'histoire du sujet, mais à la condition stricte d'être envisagés comme un texte à déchiffrer ; ce qui suppose leur articulation en discours, en paroles, donc leur adresse à un interlocuteur également constitutif de l'inconscient. Dans un premier temps, Lacan isole ainsi et énonce la structure de l'inconscient.

Dans un second temps, l'inconscient, jusqu'alors conçu comme « mémoire » et « histoire », est envisagé comme « structure », c'est-à-dire comme langage : il n'est pas d'autre structure que de langage. Lacan appelle « l'Autre* » le lieu du langage destinataire de tout ce qui se formule.

Le langage est la condition de l'inconscient

Simple question de logique : le rêve, le lapsus, le symptôme sont fabriqués de signifiants* et s'interprètent par les moyens du langage ; donc l'inconscient,

formation   Freud   réinventer la psychanalyse

qui les détermine et les fonde, doit être homogène et se plier à la structure du langage.

Cependant l'inconscient n'est pas donné mais constitué. La structure de langage de l'inconscient et de ses formations, son caractère articulé, ses liens étroits avec le dit et l'entendu ont conduit Lacan à affirmer que « *le langage est la condition de l'inconscient* ».

Une langue particulière

Distinguons « le » langage, l'universel des langues, qui constitue la condition de possibilité de l'inconscient, et l'inconscient comme tel, structuré comme « un » langage, c'est-à-dire comme un système signifiant organisé par le rapport signifiant/signifié. Ou, si l'on préfère comme une langue particulière. L'inconscient freudien n'a donc rien à voir avec un prétendu inconscient collectif.

L'instance de la lettre

D'avoir le langage comme condition et d'être structuré comme lui explique un certain nombre d'éléments que Lacan a extraits et établis, jusqu'à examiner les conséquences de leur introduction dans la psychanalyse :

1 – les lois qui régissent le fonctionnement de l'inconscient sont celles du langage : métaphore, métonymie, équivoque ;

2 – l'inconscient est apparenté au langage (structuré « comme » un langage) : il lui emprunte les lois abstraites de composition du langage (comme les règles de grammaire) ; il s'articule en discours dans l'expérience et notamment sous transfert ; les mots parviennent au sujet articulés par « d'autres* » : ils sont donc logiquement antérieurs au sujet ; Lacan écrit cette altérité « l'Autre », et conclut que l'inconscient est le discours de l'Autre, cet Autre qui accueille tout ce qui s'est prononcé ;

3 – la structure du langage de l'inconscient est relative aux fonctions constitutives du langage : la fonction de la parole et la fonction de l'écrit.

Lacan extrait de Freud le caractère aussi essentiel de l'instance de la lettre* que du signifiant : l'inconscient est ce qui se lit. Un rêve raconté ne livre pas son sens, il se présente comme un rébus ; de même, un lapsus ou un acte manqué obéissent à ces jeux d'irruptions d'un sens dans un sens qui s'appuient sur l'élément dernier du langage, la lettre.

Besoin-demande-désir

Lacan distingue besoin, demande, désir, à partir du langage. Le langage préexiste au sujet qui est introduit à la dimension langagière par la médiation nécessaire d'un « autre parlant » – l'Autre.

L'insatisfaction fondamentale

Pour articuler la triade « besoin, demande, désir* », Lacan s'appuie sur le Freud de l'*Entwurf* (*L'Esquisse*) : ce dernier montre que la première expérience de satisfaction chez l'enfant n'est pas réductible à l'étanchement d'un besoin. Non seulement la mère intervient avec ce qui est nécessité par l'organisme, mais elle traduit en demande, par les moyens du langage, la faim du nourrisson. L'enfant, grâce au langage qu'il reçoit de sa mère, interprète après coup sa propre tension en termes de manque. Le besoin ainsi contaminé par le signifiant* devient pulsion tandis que, loin d'effacer le manque, l'intervention de la mère le révèle. La première satisfaction dévoile une insatisfaction fondamentale : l'objet humain est un objet foncièrement perdu, et la pulsion réclame sa part de satisfaction.

> **L'hospitalisme**
>
> Confirmation tristement expérimentale des avancées de la psychanalyse, Spitz (1887-1974) appellera hospitalisme une pathologie du nourrisson qui ne bénéficie que de soins physiques. Privé de l'appui de la parole, il ne se développe ni staturalement, ni pondéralement, ni psychologiquement, et, parfois, meurt prématurément.

Le terme de jouissance

Il revient à Lacan d'avoir accentué l'impact du signifiant et d'avoir eu recours au terme de jouissance pour nommer le défaut de satisfaction lié à la réponse langagière de la mère.

Le cri et le signifiant

L'objet concret qui a apaisé la première faim n'est pas forcément disponible les fois suivantes : il sera halluciné, le sujet* ayant à charge de distinguer entre présence et hallucination. Cette expérience présente, selon Freud, deux niveaux : celui de la satisfaction alimentaire et celui de la trace mnésique (le souvenir) de cette dernière. La tentative de fondre l'identité

formation   Freud   réinventer la psychanalys

de la perception actuelle (présence de l'objet) et cette trace mnésique est vouée à l'échec. La satisfaction elle-même n'est que le substitut de la substance qui aurait évité l'insatisfaction originaire, ainsi que la première tétée en a révélé le manque : le sujet est ainsi d'emblée séparé d'une jouissance* mythique complète que la trace mnésique appelle.

Certes, sans la satisfaction du besoin, l'organisme ne saurait survivre. Mais justement, du fait d'être un être parlant, le petit d'homme ne pourrait survivre si l'Autre* primordial ne s'occupait que de ses besoins vitaux (*voir* encadré ci-contre). Le besoin est aussitôt contaminé par le langage. Le cri de l'enfant n'est qu'une décharge d'excitation. La mère l'interprète littéralement comme une demande (faim, soif) et c'est par sa réponse que ce cri qui ne signifiait rien est élevé à la dignité du signifiant et que le besoin en est subverti. Ce moment privilégié marque l'entrée du petit d'homme dans le langage.

De l'instinct à la pulsion

Dès lors, on ne peut plus parler d'instinct pour l'homme : cette part animale perdue équivaut à ce que Lacan nomme séparation du sujet d'avec la jouissance. Ce n'est plus l'instinct mais la pulsion, concept limite entre organisme et langage, qui entre en jeu. Celle-ci s'étaye sur le besoin, mais elle le déborde toujours : qu'on pense au bébé repu qui tète son pouce, en quête d'une satisfaction où Freud lira une manifestation de la sexualité infantile ! La pulsion agit dans le silence de l'organisme comme une poussée constante. La pulsion ($<>$) relie le sujet de la parole ($) à sa demande (D) : d'où le mathème* $\$<>D$*.

Le besoin passe par le défilé du signifiant et devient demande. Celle-ci traduit la dépendance de l'enfant à l'interprétation de l'Autre. Elle sera toujours demande d'autre chose, demande de présence, d'amour... au-delà de l'objet. Le désir émerge de cet écart entre le besoin et la demande, il « *s'ébauche dans la marge où la demande se déchire du besoin* ». (Lacan, *Écrits*)

> « *Pour Freud le parlêtre est habité d'un défaut : celui de la retrouvaille avec ce à quoi il aspire comme jouissance.* »
> **Marie-Jean Sauret,** *De l'infantile à la structure,* **1991.**

> Quelque chose de la demande n'est jamais satisfait, même après avoir obtenu réponse et même après que le besoin a été apaisé : voilà le désir. Ce manque de l'objet toujours déjà absent, jamais comblé, que Lacan identifie au défaut structural de jouissance, fait la permanence et l'indestructibilité du désir du sujet humain.

La métaphore paternelle et la psychose

Du complexe d'Œdipe, a pu dire Jacques Lacan, « je n'ai jamais parlé qu'à ce niveau de la métaphore paternelle ».

Freud et le complexe d'Œdipe

Au cours de son auto-analyse*, mieux dite « analyse originelle », Freud a fait la découverte difficile et douloureuse du complexe d'Œdipe. Cette expérience subjective, mais aussi sa clinique et la littérature (Œdipe de Sophocle, *Hamlet* de Shakespeare) le conduisent à mettre ce complexe au fondement de toute réalité humaine, qu'elle soit individuelle ou collective. Au cœur de cette structure, il place la fonction du père et la question du parricide. Sans jamais y renoncer, avec la maturité et même la vieillesse, l'intérêt de Freud s'est plutôt focalisé sur le complexe de castration qui paraît être le plus essentiel dans le procès de subjectivation*.

Lacan et le surmoi

Le cheminement de Jacques Lacan est autre. Jeune psychiatre, il a d'abord fait l'expérience, sa thèse de 1932 en témoigne, de sujets* pour lesquels le complexe d'Œdipe a été problématique pour ne pas dire défaillant. Mais Lacan est « aimanté » par une catégorie freudienne, le surmoi*, à partir de laquelle il forge sa « paranoïa d'autopunition ». En 1938, dans « Les complexes familiaux », article de l'Encyclopédie Française que lui avait confié Henri Wallon (1879-1962), il reprend l'œdipe freudien et essaye de l'éclairer à partir des apports de la sociologie et de l'anthropologie. Il met en évidence à la fois son universalité et la variété de ses formes. Mais surtout, il souligne la fonction de l'imago du père, le déclin social de cette imago et la manière dont il détermine la « grande névrose contemporaine », pour autant que les formes de névroses dominantes sont intimement dépendantes des conditions de la famille. C'est aussi dans ce travail qu'il introduit la notion de « famille décomplétée » ainsi que son rôle dans la détermination des psychoses.

La métaphore paternelle

Il existe deux conditions pour que cette métaphore fonctionne. La première, c'est la présence, dans l'Autre, lieu du langage pour le sujet considéré, du signifiant du Nom-du-père : il s'agit du signifiant qui, dans l'inconscient, supporte l'attribution de la procréation au père. La seconde, c'est la subordination du désir de la mère, traduction de la thèse freudienne de la préférence pour le père. La métaphore paternelle, lorsqu'elle est effectuée pour un sujet, signe ainsi l'élection du père comme principe de réponse et d'orientation dans le réel.

---

formation | Freud | réinventer la psychanalyse

> **La formule de la métaphore paternelle**
>
> Le désir de la mère (DM) reste énigmatique (x) et capricieux s'il n'est pas corrélé à la loi du langage par la fonction paternelle (le Nom-du-père). La fonction humanise le désir en révélant qu'aucun objet, fût-ce son enfant, ne saurait la guérir de son propre manque. Freud appelle ce manque castration dont le phallus ($-\varphi$) est la signification accessible au sujet.
>
> $$\frac{\text{Nom-du-Père}}{\text{Désir de la Mère}} : \frac{\text{Désir de la Mère}}{\text{Signifié au sujet}} \rightarrow \text{Nom-du-Père}\left(\frac{A}{\text{Phallus}}\right)$$
>
> $$\text{ou } \frac{\text{NDP}}{\text{DM}} : \frac{\text{DM}}{\text{x}} \rightarrow \text{NDP}\left(\frac{A}{-\varphi}\right)$$

Corriger l'œdipe

Beaucoup plus tard, dans son enseignement, Lacan s'est attaché à repenser l'œdipe freudien à travers les catégories de la logique du signifiant* et de la tripartition symbolique/imaginaire*/réel*. Ainsi, les deux complexes freudiens (d'œdipe et de castration) sont condensés en une opération langagière : la métaphore. Mère et père sont réduits à des instances, à des fonctions signifiantes : la mère à sa métonymie, à l'opération de sa présence (absence si énigmatique pour son enfant) ; le père à un signifiant substitutif qui vient s'offrir comme raison à ce qui paraissait capricieux du côté du désir* de la mère.

La métaphore paternelle

Lacan lit cette explication des allées et venues de la mère par son lien au père comme substitution du signifiant de la fonction paternelle (le Nom-du-père) au signifiant du désir de la mère : soit comme une métaphore. Comme toute métaphore, la métaphore paternelle induit un effet de signifié inédit, en l'occurrence la signification du phallus, c'est-à-dire l'évocation, dans l'imaginaire du sujet, de la castration maternelle et de ses conséquences.

Un accident de la métaphore paternelle : la forclusion

Lacan appelle forclusion du Nom-du-père (et rend cette dernière responsable de la structure psychotique du sujet) le défaut de cette attribution primaire au père de sa fonction symbolique. Sauf exception (compensation ou suppléance), cette forclusion du Nom-du-père se solde par une carence de la signification phallique et une délocalisation de la jouissance*.

S'appuyant sur les limites de l'explication œdipienne de la psychose, Lacan propose une théorie d'un accident du symbolique au principe de la psychose, compatible avec une clinique différentielle des psychoses, de leur évolution et de leurs phases.

Pulsion et pulsion de mort

La pulsion constitue un point de non-retour dans l'élaboration de la doctrine de l'expérience.

L'intranquillité de la pulsion

La cure conduit Freud, dès 1914, à faire de la pulsion le concept central et, en 1920, à formuler l'*Au-delà du principe de plaisir*. Les analyses* s'allongent en raison des exigences de la pulsion. Lacan souligne le caractère radicalement hétéroclite de son montage, et l'impérieux de la satisfaction. La pulsion se moque de toute considération relative au Bien, au Beau ou au Vrai. Rien ne la détourne de sa satisfaction.

Le sujet* jouit morbidement de la satisfaction de la pulsion. Tout se passe comme si la pulsion « se jouissait » elle-même aux dépens du sujet, puisque ce dernier s'attache à un symptôme dont il souffre. D'où le postulat freudien d'une pulsion de mort. Lacan attribue cette face de mort à toute pulsion. Par définition, la pulsion n'est ni domptable ni pacifique : elle introduit « l'intranquillité », selon un titre de Fernando Pessoa (1888-1935).

Le concept de pulsion

Ce concept rend compte du lien paradoxal du sujet à son organisme : celui-ci opte pour une position sexuée et choisit un type de partenaire par rapport à la pulsion et non à l'anatomie ; il mange cuisiné parce que la pulsion exige la rencontre d'une satisfaction au-delà du nourrissage nécessaire à la vie biologique.

La satisfaction pulsionnelle

Par quel trajet la pulsion se satisfait-elle ? Il ne lui suffit pas d'atteindre l'objet du besoin qu'exige l'organisme, puisqu'il faut tenir compte du rapport au langage. Elle ne se satisfait pas non plus de l'objet de la demande langagière, puisque le sujet n'est que représenté par le langage où il manque. Lacan a désigné par la lettre « *a* » l'objet qui rendrait au sujet son être de jouissance* dont il découvre le défaut en parlant : cet objet occuperait le vide où circule la pulsion, entre l'organisme et le langage. Le sujet se donne une idée de cet être de jouissance au moyen des morceaux détachables de son organisme (sein, fèces, voix, regard)

formation | Freud | réinventer la psychanalys

qu'il sacrifie pour symboliser son manque : telle est la castration (*voir* pp. 24-25). La pulsion ne s'accomplit que dans un trajet en boucle autour de l'objet *a*[*] : elle part d'un bord du corps pour y revenir – le délimitant comme zone érogène.

Fantasme et traversée

Chaque sujet « fantasme » ce qui cause son désir[*], déguisant la fonction des objets *a*. Le fantasme masque au sujet sa castration et soutient le désir dans la direction des bribes de jouissance qui lui font croire aux retrouvailles avec son être. L'analysant[*] reconstruit son fantasme jusqu'à la découverte du rôle de la pulsion. Cette découverte sanctionne la traversée du fantasme. Les allers-retours de la pulsion se traduisent dans la grammaire du fantasme : le sujet occupe aussi bien la place du sujet selon lequel il entend jouir (je bats l'autre[*]) ou de l'objet dont un Autre[*] jouit (il me bat). La traversée du fantasme révèle que le circuit complet (« se faire battre ») n'implique aucun Autre : il n'y a pas d'autre jouissance que celle en jeu dans le circuit pulsionnel.

Fin d'analyse

« Que devient la pulsion » – une fois le fantasme fondamental traversé – si l'exigence de satisfaction ne cesse pas et si la solution fantasmée ne tient plus ? Lacan répond (1977) par le « désapparentement » et l'athéisme. La chute de la croyance en un Autre qui fournirait l'objet de la satisfaction détache la pulsion de la répétition, amène au consentement à la castration contre le sacrifice masochiste aux « dieux obscurs ». Le reste intraitable de la pulsion oblige alors le sujet à le loger dans un rapport renouvelé aux autres. La cure invente ainsi un nouveau destin pulsionnel. Beaucoup de crises institutionnelles dans la psychanalyse portent sur la fin de la cure et le dispositif inventé par Lacan pour l'évaluer (la passe[*]) : vérification *a contrario* qu'il avait vu juste en solidarisant le destin pulsionnel en fin de cure et la création d'un nouveau lien social.

Incurable

La pulsion ne renonce jamais à se satisfaire – constante. Lacan fait de cette insatisfaction foncière ce dont, justement, se satisfait la pulsion. C'est pourquoi cette constance trouve un allié précieux dans la répétition qui meut l'expérience analytique, mais en constitue aussi l'obstacle principal. La répétition permet au sujet de continuer à croire que la jouissance existe quelque part, puisqu'il souffre de son défaut, et donc qu'il doit bien exister un Autre qui le sait (Dieu, père ou Diable).

Lacan découvre que la cure est l'invention d'un nouveau destin pulsionnel.

Le réel et l'objet

Le réel de la psychanalyse n'est pas celui de la science et se distingue de la réalité. Présente dès le départ, sa conception n'est mise au point qu'avec le temps, dans les années 1970.

Critique de la relation d'objet

La structure de la névrose résulte du langage. Le sujet* n'y est que représenté, il y manque d'être. Ce manque cause son désir*. Lacan appelle jouissance* la substance de cet être, perdue de structure : sinon, le désir s'évanouirait et céderait la place à l'angoisse. Est objet tout ce qui promet de rendre au sujet seulement une part de cette jouissance. Chaque sujet se dote d'une théorie sur la raison du déficit de jouissance et sur les objets qui conviendraient : le fantasme. Le symptôme témoigne, lui, de l'échec du fantasme à contenir la jouissance loin du sujet, préservant ainsi son désir.

Le névrosé appelle des objets pour sa satisfaction. Des psychanalystes ont cru que la cure analytique consistait à rencontrer le bon objet. Cette théorie de la « *relation d'objet* » suscite débats et impasses dans les conduites de cure ! La doctrine développée par Lacan clôt ces impasses en donnant à l'objet un statut causal livré au final de l'analyse*. Le sujet découvre l'écart entre la jouissance dont il est originellement privé et n'importe quel objet de substitution. Lacan appelle cet écart : objet *a**.

L'objet *a*

L'objet *a* n'est ni une représentation à la disposition du sujet, ni un complément du moi, mais le résultat d'une opération de perte, réactualisation de l'objet perdu de Freud : tout objet trouvé n'est jamais que substitut, donc insatisfaisant. Cette retrouvaille, de l'ordre d'une rencontre (la « tuché ») qui mobilise la pulsion, est marquée du ratage (l'objet *a*) qui répète la perte de jouissance initiale.

La théorie de l'objet cause du désir

L'objet *a* nomme la cause du désir du sujet. La jouissance perdue cause le désir de trouver ce qui pourrait réparer le préjudice. Par définition, le sujet ne trouve aucun objet adéquat qui restaurerait la complétude rompue au moment de sa venue au monde. Il ne trouve pas l'objet adéquat parce que l'objet perdu cause son désir, tandis que l'objet trouvé n'est qu'un substitut. Lacan précise cette dimension de la cause en démontrant que quatre « substances épisodiques » (sein, fèces, regard et voix) tiennent lieu de cet objet cause (*a*) pour un sujet. L'effet d'une psychanalyse sur le fantasme révèle la sorte d'objet adopté par l'analysant* et la nature de la cause du sujet : la cause est vide, et le tenant lieu d'objet ne sert qu'à l'habiller du fantasme fabriqué pour répondre à la perte de jouissance.

Le réel du sujet

La perte structurale est irréparable. Le réel* se présente comme cet impossible à rejoindre. Le sujet adopte à sa place le symptôme qui fournit une satisfaction substitutive à la pulsion. Le sujet reste dans l'impossibilité de faire se rejoindre le signifiant* (où il est représenté) et son être de jouissance (qui n'est que représenté). Quelque chose de la jouissance demeure hors du champ du signifiant, et donc du langage et de la parole, constituant le seul être du sujet. Ce ratage laisse une « marque » propre à chacun, une « lettre* » de jouissance. C'est la lettre du symptôme, qui désormais le singularise dans son rapport à l'Autre*. Cette lettre est ce qu'il a de plus réel : il a un symptôme (ce qui lie le particulier de sa jouissance au langage) et c'est tout ce qu'il est.

Amour et fin d'analyse

L'amour permet parfois à tel sujet de se lier symptomatiquement à un partenaire : il est ici le corrélat de la découverte, en fin d'analyse, que n'existe pas d'Autre susceptible de restaurer au sujet sa part manquante, ni de les réduire, lui et l'Autre sexe, à des éléments de savoir. La psychanalyse conduit un sujet à une prise de savoir sur cette misère d'être qui le gouverne, et lui permet de « s'embrouiller » plus simplement avec le réel. L'amour n'est pas éloigné du poème où s'invente la langue qui convient pour porter à l'existence tel bout de réel que la langue commune échoue à dire.

L'Autre sexe

La division du sujet entre la jouissance et le signifiant permet de choisir « d'être » la jouissance, position féminine. Le choix « d'être » la jouissance irréductible au savoir – y compris au sien propre – fait d'une femme l'Autre sexe, y compris pour elle-même.

> La lettre du symptôme est ce que le sujet a de plus réel : c'est tout ce qu'il est.

Fantasme et symptôme

Le symptôme et le fantasme sont les soubassements de la structuration psychique du sujet, l'un comme formation de l'inconscient, l'autre comme formation de la pulsion. Ils sont une réponse à la singularité de la jouissance.

La psychanalyse opère sur le fantasme

Le fantasme fondamental est pris dans le langage et seule une cure y donne accès. Le dénominateur commun du symptôme et du fantasme est la pulsion : d'où les allers-retours de l'un à l'autre en quoi consiste une psychanalyse.

Symptôme et règne animal

Il n'y a pas de symptôme dans le règne animal parce que les animaux n'accèdent pas au langage. C'est pourquoi le symptôme est envisageable comme une réponse à une question qui concerne la vérité de l'être.

Le symptôme est une fixation de jouissance

Le symptôme est une formation de l'inconscient, retour du refoulé. Le refoulement vise à éviter le déplaisir. Le sujet* préfère supporter le symptôme que risquer la surprise du déplaisir. C'est, pour Freud, le substitut d'une satisfaction qui n'a pas eu lieu. Pour Lacan, le symptôme est plus radicalement la preuve que le sujet a été confronté à une jouissance* qui s'est fixée sur le corps ; désormais, elle, et seulement elle, conviendra au sujet même s'il la refuse. Cette rencontre avec la jouissance est inassimilable pour l'enfant mais elle vient inscrire sa marque entre corps et langage, là où il n'y a pas de réponse. L'enfant est un être de langage et le corps humain est découpé par le signifiant* de l'histoire du sujet. Le symptôme est un mode de réponse qui offre une satisfaction de substitut. Il peut sembler scandaleux de penser que le sujet tire une satisfaction du symptôme dont il souffre – satisfaction paradoxale morbide !

Le fantasme est une mise en scène

Le fantasme est, dans son acception large, entendu comme la petite histoire que se raconte un sujet pour obtenir une jouissance sexuelle. Freud a extrait et donné la formule d'un fantasme sexuel courant : « Un enfant est battu ». Dans cette mise en scène, le sujet, réduit à un regard, contemple un enfant battu, humilié, bâillonné par un adulte devant lui ; cette scène procure au sujet une jouissance sexuelle, support de la masturbation. Lacan en tire le fantasme fondamental, qui soutient la position du sujet dans l'existence, là où il se croit être. C'est de là

formation | Freud | réinventer la psychanalyse

qu'il pense, agit et interprète ce qu'on lui dit ou ce qu'on lui fait. C'est la lorgnette à travers laquelle il voit la vie. Seule une analyse* permet au sujet de savoir quel est le fantasme avec lequel il tisse son existence.

Le fantasme est une formation de la pulsion

Le fantasme (fondamental) se construit à partir de la pulsion qui habite le sujet. C'est lui qui permet de consommer sans le savoir la jouissance du symptôme. Le fantasme paraît, comme dans la scène « un enfant est battu », mettre le sujet en position d'objet (ici battu). Dans le meilleur des cas, grâce à l'analyse, l'analysant* peut

Jacques Lacan.

rencontrer sa face cachée : une scène où il bat pour ne pas être battu. L'activité de la pulsion fait que celui qui bat est battu, celui qui dévore est dévoré, celui qui regarde est regardé ; c'est pourquoi on peut conclure que le fantasme est une formation de la pulsion.

Dénouage entre fantasme et symptôme

Le sujet a été confronté à la poussée de la pulsion dont il ne peut rien dire car l'effet de jouissance est intraduisible par des mots. L'irruption de la jouissance sexuelle dans le corps est toujours traumatique, la clinique le démontre, parce qu'elle ne correspond pas à une satisfaction du besoin comme la faim ou le sommeil, mais à un « corps étranger » – ou, pour mieux dire, une chair étrangère au corps. La pulsion n'y va pas par quatre chemins. Elle prend sa source dans les trous du corps (bouche, anus, etc.) et se révèle toujours sur le versant de sa crudité orale ou anale : c'est le réel* du corps. C'est ce nœud entre fantasme et symptôme que le sujet peut déchiffrer ou dénouer à partir de la pulsion qui l'habite. Il aura alors des chances de terminer sa cure.

En situant le rôle de la pulsion dans l'articulation du symptôme au fantasme, Lacan a précisé sur quoi devait opérer la psychanalyse et donné la chance aux analysants de terminer leur cure.

Les jouissances

Freud propose une fiction de l'origine de l'humanité fondée sur un renoncement à la jouissance. Lacan en extrait la logique.

Une loi qui interdit la « jouissance toute »

Freud associe la limitation de la jouissance* à l'interdit de l'inceste. Dans *Totem et Tabou* (1913), il s'appuie sur une thèse anthropologique pour postuler l'existence d'un père d'exception, le père d'une horde* animale. Ce père possède toutes les femmes et en jouit. Il interdit aux fils de les toucher. Un jour, les fils s'entendent pour tuer ce père tyrannique et jouisseur. Une fois le meurtre accompli, la culpabilité les envahit. Pour préserver leur alliance, ils décident de s'interdire la jouissance des femmes du clan. L'interdit de l'inceste permet de fonder une société dont la jouissance est limitée par cette loi.

Il n'y a pas de rapport sexuel

Pour rendre compte de la façon dont homme et femme se rencontrent dans le champ de la jouissance, Lacan écrit les formules de la sexuation. Elles répartissent la façon dont les sujets se rangent en position féminine et position masculine par rapport au phallus (être ou avoir le phallus symbolique). Il pose également les différents ratages de la jouissance. Chacun est exilé de sa jouissance et de la jouissance de l'Autre.

Une satisfaction au-delà de la satisfaction

Les premières rencontres de l'enfant avec l'objet inscrivent des traces indélébiles dans l'appareil psychique en termes de plaisir ou de déplaisir. Le sujet* cherche à éviter le déplaisir. Mais pourquoi répète-t-il des situations dont il a à souffrir (cauchemar, névrose traumatique) ? La clinique démontre l'existence d'une force de déliaison, la pulsion de mort, qui se noue à la pulsion de vie à laquelle elle est indispensable. Elle permet de saisir certains paradoxes liés au désir* et à la jouissance : comme le fait de s'accrocher à un symptôme dont pourtant le sujet se plaint. Ce constat amène Freud à postuler un « au-delà du principe de plaisir ».

Pour passer au-delà du plaisir et de la loi, une transgression de la barrière du plaisir doit être franchie dans une effraction où Lacan identifie une jouissance.

Les jouissances

Lacan reprend la question de cette jouissance en excès par rapport au plaisir. Il emprunte le mot « jouissance »

formation Freud réinventer la psychanalyse

au discours juridique qui répartit la jouissance des biens et veille à leurs distributions. Sa thèse tient aux effets du langage et de la nomination. Le sujet ne jouit plus de la même façon d'une chose qu'il a mise à distance en la nommant : le langage introduit une perte de jouissance. C'est sur ce fond de nostalgie « d'une jouissance toute » (pleinement satisfaisante) que Lacan élabore les différents statuts de la jouissance.

La jouissance phallique

La jouissance phallique est celle qui est permise, appareillée par le langage, soumise au signifiant*, qui dépend de l'objet dit par Lacan « petit *a* ». C'est la cause du désir, un « plus-de-jouir » particulier à chaque sujet qui commémore les fixations de jouissance du sujet.

La jouissance féminine

La dernière occurrence de la jouissance, que Lacan a appelé l'Autre* jouissance, relève de la jouissance spécifiquement féminine. Lacan est parti des dires des femmes dans les cures et des écrits de certains mystiques (sainte Thérèse d'Avila ou saint Jean de la Croix). Quand Lacan parle des femmes, il ne se réfère ni à l'état civil (donné par la loi) ni à l'anatomie (reçu

> **La jouissance de l'Autre – J($\cancel{A}$)**
>
> Lacan écrit J($\cancel{A}$) la jouissance originaire – le sujet croit à l'existence d'un objet qui aurait pu le satisfaire pleinement. Cette nostalgie fait écho à ce qui se perd entre corps et signifiant du fait que le sujet n'est que représenté dans le langage : « quelque chose » se perd entre corps et langage qui fait le corps radicalement Autre pour le sujet qui habite le langage.

du biologique), mais au « choix », par un sujet, de la position féminine. Cette jouissance spécifiquement féminine s'éprouve mais ne se dit pas : elle ne s'inscrit pas dans le procès du langage. Elle est une jouissance en plus et non complémentaire. Pour les femmes, la jouissance se divise entre la jouissance phallique (la jouissance de l'organe) et l'Autre* jouissance, celle qui échappe au signifiant, donc au savoir. La jouissance féminine est donc liée au rapport particulier que certaines entretiennent avec ce qui indexe ce trou dans le savoir, que Lacan qualifie de signifiant d'un manque dans l'Autre et qu'il écrit S($\cancel{A}$), Signifiant de l'Autre barré.

Depuis l'intervention de Lacan, la jouissance se décline : jouissance phallique, jouissance féminine, jouissance de l'Autre.

Le lien social

Freud fondait le fonctionnement d'une foule sur l'amour et l'identification, en déduisant trois tâches impossibles : éduquer, gouverner, soigner. Lacan insiste précisément sur les modes de traitement de l'altérité qui justifient cette impossibilité : ce sont les quatre discours.

Le nom des places et les relations entre les termes

$$\uparrow \frac{\text{agent}}{\text{vérité}} \underset{\nwarrow\nearrow}{\overset{\rightarrow}{}} \frac{\text{autre}}{\text{produit}} \downarrow$$

Le danger du solipsisme et du capitalisme

Il n'y a de lien social pensable qu'à la condition qu'un tiers terme, la parole et le langage, interdise au sujet le face à face narcissique avec le semblable... ou avec sa propre image. Mais le lien social est également menacé par la promesse illusoire faite au sujet par la science et le marché d'obtenir directement (sans le secours d'aucun lien social) ce qui lui manque : confusion de l'objet de la demande avec la perte qui cause le désir.

Les limites de la parole

Comment le plus particulier du sujet* – $ – (parole propre, symptôme singulier) trouve à se loger dans le commun – S2 ici – sans s'y dissoudre (pensée unique, idéologie dominante) et sans que le collectif se défasse pour autant (violence, haine) ? La parole est subversion du langage : comment l'autre* m'entend-il quand même ? Pour répondre à ces problèmes, Lacan propose une théorie du lien social. Il part du fait que les rapports humains ne sont pas réglés par l'instinct. Les humains tiennent ensemble parce qu'ils parlent : parler implique un interlocuteur et le langage lui-même ; et, dans le signifiant* – S1 –, élément dernier du langage, chaque sujet peut se représenter. Les sujets s'inscrivent dans le lien social – quel que soit le malentendu entre eux – parce que le signifiant s'articule. D'où le terme de « discours » pour dire le lien social.

Le problème de la jouissance...

Le sujet n'est que représenté : son être – a – manque dans le signifiant. Freud nommait ce manque désir* et Lacan appelle jouissance* la substance (négative) de l'être du sujet dont le défaut cause le désir. Le lien social répond à ce défaut – sans le supprimer – en proposant une identification au groupe (une appartenance communautaire). Freud en déduisait une raison du malaise dans la civilisation. Nombreuses sont les idéologies qui attribuent de fait le défaut de jouissance à l'autre, l'étranger, l'exclu, l'ennemi.

formation | Freud | réinventer la psychanalyse

... et son traitement

Lacan introduit le lien social comme mode de traitement et non d'imagination de la jouissance. Le mode de traitement détermine la forme et la fonction d'un discours. Quatre discours peuvent alors s'écrire à partir d'un jeu de termes, de places et de relations. Les places sont celles de l'agent et de la vérité (d'où parle-t-on et à cause de quoi ?), de l'autre et de la production (à quelle adresse et pour quel résultat ?). Les quatre termes sont toujours dans le même ordre \$, S1, S2, a (le sujet, le signifiant maître qui le représente, le savoir comme comptant au moins deux signifiants,

Le tableau des quatre discours

	impossible				DU	$\dfrac{S2}{S1}$	————>	$\dfrac{a}{\$}$
DM	$\dfrac{S1}{\$}$	————>	$\dfrac{S2}{a}$				impuissance	
		//					impossible	
DH	$\dfrac{\$}{a}$	————>	$\dfrac{S1}{S2}$		DA	$\dfrac{a}{S2}$	————>	$\dfrac{\$}{S1}$
		impuissance					//	

l'objet comme plus-de-jouir qui présentifie ce qu'il y a de non signifiant dans la structure). L'incompatibilité de la jouissance et du signifiant est traduite dans le discours par un jeu de flèches qui écrit l'impossibilité radicale que le produit rejoigne la vérité qui anime le lien social : aucune flèche ne parvient à la vérité. Les discours sont inégaux dans le traitement de cette incompatibilité, oscillant entre impuissance (imaginaire*) et impossibilité (logique).

Chaque discours (D) reçoit le nom du terme qui vient en position d'agent : D Hystérique (DH, agent : le sujet divisé \$), D du Maître (DM, agent : le signifiant maître S1), D Universitaire (DU, agent : le savoir S2), D Analytique (DA, agent : la cause du désir a).

Le DM écrit l'impossibilité que le signifiant rejoigne le savoir sans se perdre comme signifiant (S1 —> S2) ; le DA écrit la raison de cette impossibilité, soit l'irréductibilité du réel* : jamais le sujet ne recevra son être de jouissance perdu à parler, puisque cette perte le constitue lui et le désir (a —> \$). Ainsi, Lacan fonde en raison l'affirmation freudienne de l'impossibilité de gouverner (réduire les sujets au savoir du maître) et de l'impossibilité de soigner (guérir le sujet de sa division constitutive).

> La théorie du lien social inventée par Lacan permet de rendre compte de la façon dont chaque sujet dispose des moyens de traiter le problème de sa solitude, liée à sa particularité, en produisant du social.

Le sujet et la science

Lacan livre la confidence suivante : enfant, il vouait une véritable passion à l'histoire d'une moitié de poulet, recueillie dans un de ses livres. Il considère que cette petite histoire n'est pas pour rien dans son intuition du sujet divisé.

Le sujet est toujours responsable de sa position

L'expérience éthique de la clinique analytique et la réflexion éthique de la tradition philosophique ou littéraire conduisent Lacan à une définition du sujet* par sa position dans l'être, ses consentements et ses refus, ses choix, ses actes dont il est toujours tenu pour responsable.

Du sujet logique au sujet de la science : la responsabilité

La rencontre avec les philosophes Alexandre Kojève et Alexandre Koyré (1882-1964) est déterminante dans l'orientation de Lacan vers l'histoire, la structure et les effets de l'avènement de la science moderne. En effet, il ne se contentera pas seulement de lire Freud en essayant de se conformer au plus près à l'esprit de sa découverte. Il lit Freud avec Descartes et utilise comme opérateur le sujet dégagé par celui-ci dans son entreprise de donner à la physique nouvelle ses fondements de raison. Ce sujet divisé entre savoir et vérité, dégagé des obligations normatives de la religion, sujet émancipé donc de l'Autre* divin dans les matières du savoir, est avant tout sujet de la certitude. Lacan lui donnera un nom qu'il empruntera à Kojève et Koyré : sujet de la science (celle de Galilée, Newton et Descartes). Il a le même statut et les mêmes

---

Le sujet divisé

C'est Aimée, dont l'histoire du cas a constitué la matière de sa thèse de psychiatrie, qui, la première, met Lacan sur la piste du sujet divisé. Il la considérait, en effet, comme un cas de paranoïa d'autopunition. Dans ce type clinique, l'autopunition est référée au surmoi en tant qu'instance du sujet qui œuvre contre les intérêts de celui-ci, « impératif de jouissance » en somme. Mais ce sont les catégories freudiennes de refoulement d'une part et de clivage du moi (*Ichspaltung*), d'autre part, qui donnent à Lacan les fondements cliniques requis pour inscrire son intuition dans le champ freudien.

---

coordonnées que le « sujet logique » que Lacan présentait en 1945 dans « Le temps logique et l'assertion de certitude anticipée ».

Le sujet de la civilisation scientifique

Pourtant on retrouve chez Lacan une acception plus large de cette notion de « sujet de la science ». En effet, contrairement peut-être à l'épistémè antique, la science moderne n'a pas que des conséquences dans le champ du savoir : dominante, elle détermine l'ensemble des activités humaines et n'épargne plus aucune région ou culture, ne serait-ce qu'en raison des objets qu'elle fabrique et qui inondent les marchés. De sorte qu'il n'est pas exagéré de parler d'un sujet de la civilisation scientifique, un sujet dont la science moderne contraint le mode de constitution.

La science n'est donc pas tant importante pour la psychanalyse* en raison de son efficacité ou de son statut de figure idéale du savoir. Leurs liens sont autrement plus complexes. La science moderne a d'abord été envisagée par Lacan comme une entreprise fondée sur l'exclusion du sujet ; corollairement, la psychanalyse est définissable comme une pratique fondée sur l'écoute de ce que la science exclut : la vérité qui parlerait.

La psychanalyse dépend de la science…

Dans un deuxième temps, Lacan met l'accent sur ce point jamais aperçu avant lui : la psychanalyse est, plus que liée, dépendante de la science. Autrement dit, la psychanalyse n'aurait jamais pu voir le jour dans une société et une culture dominées par le mythe ou la religion, qui imposent leurs solutions aux sujets, sans qu'aucun réel* ne leur échappe. C'est pourquoi la condition essentielle de la psychanalyse est la science moderne, le sujet qu'elle a promu et le rapport au savoir qu'elle a inauguré.

Enfin, dans un troisième temps, Lacan définit la psychanalyse comme le lieu de retour et de traitement du sujet de la parole rejeté par la science, et des « choses de l'amour » forcloses du discours du capitaliste.

> Rien ne peut s'entendre de la psychanalyse et des sujets qui s'y soumettent sans référence à la science moderne, aux changements qu'elle a induits et aux diverses manières dont elle a affecté les modes de jouissance*.

Mathème et topologie

L'enseignement de Lacan est caractérisé par un effort constant et soutenu de logification mathématisée d'un savoir issu d'une expérience qui est tout, sauf mathématique.

Du pathème au mathème

L'expérience psychanalytique est faite de jouissance* (symptôme, fantasme), de langage (parole, discours), de contingence (amour de transfert) et d'acte (à distinguer de l'*acting-out* et du passage à l'acte).

D'où la question toujours renvoyée à Lacan : peut-on du pathème (de ce dont on souffre : pathos) faire mathème* (écriture mathématique) ? Cet effort de mathématisation de la psychanalyse* est lié, chez Lacan, au souci de la scientificité et de la transmissibilité de la psychanalyse. C'est dans ce projet que s'inscrit le développement de la topologie* et du mathème.

La raison de la topologie

La topologie est présente au départ de l'enseignement de Lacan (« Discours de Rome », 1953) comme « *topologie des surfaces* ». La topologie de Lacan subvertit les topiques* freudiennes qui ne sont finalement que des « *modèles* » spatiaux, des lieux topographiquement distincts. L'inconscient est chaîne signifiante mais il s'agit d'une chaîne qui requiert la « surface » pour son déploiement.

Le recours à la topologie permet tout d'abord de formaliser les propriétés combinatoires du signifiant* – le signifiant s'articule, se substitue, se décompose et se recompose, ainsi que les mots d'esprit ou les lapsus le montrent. Ensuite, il permet d'articuler ces propriétés à « *l'être-de-surface* » de l'inconscient : il se présente comme un savoir insu ou comme des manifestations corporelles lisibles grâce aux propriétés du signifiant. Et enfin, il permet de rendre compte des questions autrement fort embrouillées de l'intérieur et de l'extérieur,

La topologie en mathématique

La topologie, en mathématique, est cette géométrie « souple » qui traite du voisinage des points, des transformations continues et des invariants qui les accompagnent, des frontières et des surfaces, sans faire intervenir de distance métrique.

formation | Freud | réinventer la psychanaly

de la frontière, du bord ou de la coupure : l'inconscient dedans, le réel* dehors, comment penser la frontière entre la jouissance et le symbolique, comment expliquer les effets de la coupure de la chaîne signifiante par la scansion de la séance ou l'interprétation du psychanalyste ?

Les topologies

L'enseignement de Lacan va d'une « *topologie du sujet** », réduite à une topologie du signifiant (conséquence de ce que le sujet est effet de signifiant), vers une « *topologie de la structure* » qui se joue d'abord entre le signifiant et le réel, sans médiation imaginaire*. À terme, la topologie permet à Lacan de proposer une nouvelle formulation de la structure mettant en jeu le réel, le symbolique et l'imaginaire, et d'examiner les faits cliniques, la position des sujets (névrosés ou psychotiques) et le déroulement de la cure, en fonction des modes de nouage et de dénouage.

> **La topologie chez Lacan**
>
> La topologie n'est ni un chapitre spécifique, ni un isolat dans l'enseignement de Lacan ; elle est encore moins une « récréation » mathématique gratuite. La topologie imprègne tout son enseignement jusqu'à faire corps avec lui. On distingue :
> – la topologie du sujet et de l'objet (topologie de la bande de Mœbius, du *cross-cap* et de la bouteille de Klein) ;
> – la topologie de la pulsion (topologie purement algébrique : topologie du bord et théorème de Stokes) ;
> – et la topologie borroméenne (nœuds et chaînes).

Transmettre la psychanalyse

Autre chose est le mathème dont la théorie est plus tardive. Certes, Lacan a eu recours très tôt à des notations d'allure mathématique et a fait usage de formules de type algébrique. Mais le mathème, dans sa spécificité lacanienne, se trouve au croisement des questions relatives à la transmission intégrale de la psychanalyse et aux moyens qui lui sont nécessaires : la mathématisation, la lettre*, l'école. Cette perspective est bien évidemment une retombée stricte de l'accrochage de la psychanalyse au train de la science.

Disons enfin que toutes les formules littérales produites par Lacan ne sont pas à ses propres yeux mathèmes. Ne le sont finalement qu'une poignée, celles qui autorisent un calcul : les différentes lettres qui permettent l'écriture de la structure (A, \$, *a*, S), les « *quatre discours* », les « *formules de la sexuation* » et le « *nœud borroméen** ».

> Le recours au formalisme mathématique par Lacan obéit à une raison de fond : en maintenant l'expérience psychanalytique à la hauteur des exigences de la science, chacun peut s'expliquer ou demander des comptes.

La direction de la cure

Jacques Lacan a été exclu de l'IPA en partie à cause de l'innovation technique dite de la séance courte. Aujourd'hui, elle divise encore les psychanalystes, certains n'y voyant qu'un mauvais traitement infligé à l'analysant.

La séance courte

Celle-ci est en adéquation avec la théorie de l'inconscient structuré comme un langage et avec les pulsations de l'inconscient. Parfois, la lumière se fait sur le pas de la porte du cabinet de l'analyste : une intuition de ce qui ne se laisse pas attraper. Alors il faut attendre la séance suivante : le désir est toujours mobilisé.

La *talking cure*

Talking cure ou « traitement par la parole » est le nom donné par Anna O au travail qu'elle fait avec Josef Breuer (1842-1925) : elle parle et les symptômes disparaissent.

Avec le « retour à Freud », Lacan veut redonner à la parole la place centrale qui lui revient, pour aller contre « *la dépréciation croissante dont la parole a été l'objet dans la théorie et la technique* » (*Écrits*). La ritualisation des séances (durée et cadre), le recours renouvelé à la suggestion, la promotion de la communication d'inconscient à inconscient (comme s'il n'était plus nécessaire de parler) et du « langage corporel » sont les signes de cette dépréciation.

L'exclusion définitive de Lacan de l'IPA* aura pour cause son travail de didacticien et l'innovation technique appelée séance courte : la valeur de la parole est inversement proportionnelle à sa quantité. Mais plus que de séance courte, il s'agit de séance à durée variable.

La dissolution du temps

Le patient ne peut plus régler sa parole ni sur le temps d'horloge (chronologique) ni sur la perception interne du temps de la séance (certes subjectif, mais linéaire), puisqu'il ne sait pas à l'avance quand elle va s'arrêter : il est obligé de dire sans tarder. La coupure décide « après coup » de ce qui aura été

formation | Freud | réinventer la psychanalyse

réellement dit, instaurant un effet temporel logique qu'aucune machine ne saurait ni filmer ni enregistrer. Si l'inconscient est structuré comme un langage, alors il faut tenir compte du fonctionnement du langage : « *Ainsi, c'est une ponctuation heureuse qui donne son sens au discours du patient... c'est pourquoi la suspension de la séance... y joue le rôle d'une scansion qui a toute valeur d'une intervention pour précipiter les moments concluants.* » (*Écrits*)

L'interruption a valeur d'interprétation, de ponctuation au sens grammatical de ce qui confère du sens au texte ; elle précipite – au double sens : réaction chimique et hâte – la parole du sujet*, qui dès lors, peut en être saisi et s'en saisir.

Symbolique et réel du signifiant

La parole est d'ordre symbolique, mais il y a un réel* du signifiant* dans la structure, auquel le sujet est confronté par l'arrêt de sa parole.

Ce réel est ce qui ne peut se dire. Il est impossible (autre nom du réel) de tout dire et de dire le tout ; le signifiant y manque. Or, il manque le signifiant qui dirait l'être du sujet, puisque le sujet n'est que représenté par le signifiant dont il est l'effet. Ce ratage introduit la question du réel du sujet. Ce dernier ne pourrait être dit exhaustivement qu'à la condition d'être réductible à un élément de savoir, symbolisation qu'il paierait de son exclusion comme réel ! Le symbolique échoue également à fournir le signifiant qui dirait la femme, puisque la jouissance* féminine désigne une jouissance qui ne s'attrape pas par les appareils du langage – S(A barré), le « signifiant du manque dans l'Autre* ».

Impossible de tout dire... dans le temps de la séance, *a fortiori*. La séance, aussi longue soit-elle, met l'analysant* aux prises avec son « impuissance » à tout dire et crée l'illusion qu'avec un peu plus de temps encore, il réussirait enfin à formuler ce qu'il échoue à saisir. Par la pratique de la séance courte, c'est-à-dire de la scansion, Lacan cherche à substituer à l'impuissance de l'analysant*, l'impossibilité réelle à tout dire.

« *Il y a quelque chose de l'horreur de la mort dans les séances courtes, dans ces séances... dont on ne pouvait savoir la durée à l'avance. L'effet conjugué de la brièveté des séances et de l'imprévisibilité de la fin... encourage... la libre association... Vous n'avez pas le temps de ruminer, de chercher la meilleure formule.* » Stuart Schneiderman, *The death of an intellectual*, cité par Élisabeth Roudinesco.

Lacan a ramené les fondements techniques de l'expérience psychanalytique à la parole et au langage, condition préalable à une direction de la cure (sa conduite, sa visée) axée sur ce qui ne peut se dire en aucun cas : le réel.

Les présentations de malades du Dr Lacan

Une reproduction d'un célèbre tableau trônait au-dessus du divan de Freud : une présentation de malades, à la Salpêtrière, dans le service du Pr Charcot. On peut supposer que Freud souhaitait ainsi se souvenir de celui qui l'avait initié à l'écoute de la névrose hystérique.

Il n'y a pas que des séances courtes

Celui qui avait inventé la séance courte montrait qu'il savait passer du temps avec les psychotiques : « *Laissez-les parler longtemps* », recommandait-il.

L'héritage de Charcot et Freud

Freud avait reçu l'enseignement de Charcot (1825-1893) dans cette mise en scène classique de la médecine hospitalière française. Cette pratique de présentation de malades a toujours eu un double but : assurer un enseignement mais aussi asseoir un diagnostic en provoquant un débat entre praticiens. Dans les milieux psychiatriques, la question du débat diagnostique est particulièrement importante puisque le diagnostic y a toujours une part subjective devant laquelle il ne faut pas reculer. Dans cette clinique, en effet, le symptôme s'inscrit dans une relation où le thérapeute joue sa partie. Si Freud a assisté aux présentations cliniques de Charcot, il ne s'est pas livré lui-même à cet exercice, ce n'était pas son style. Il a préféré la présentation de cas tels qu'il les a rédigés dans ses *Cinq psychanalyses*.

Extrait d'une présentation

« *Qui sont ces personnes ?* », interrogeait parfois le patient en regardant le public. « *Ce sont des gens choisis* », répondait Lacan, précisant souvent : « *Ces personnes s'intéressent à ce qui vous arrive.* » (témoignage de Françoise Gorog, 1999)

La réinvention de la présentation

Lacan, par contre, n'hésite pas à reprendre la tradition de ses maîtres. Il a certainement été influencé par le style des présentations notoires de Georges Dumas (1866-1946). Cependant, reprenant à son compte cet exercice périlleux, Lacan va en infléchir la pratique et lui donner ses véritables lettres de noblesse. La présentation de malades est une mise en scène. Elle permet au patient de donner à ses difficultés existentielles la dimension d'un drame auquel ses semblables sont intéressés. Cette relation de la souffrance de chacun à l'attention des autres constitue l'essence de ce que les psychanalystes appellent le symptôme. Voilà pourquoi la présence

formation | Freud | réinventer la psychanalys

d'un public pendant l'entretien du patient avec l'analyste non seulement ne constitue pas un obstacle mais peut être même considérée comme un élément essentiel du dispositif.

La présentation de malades est l'occasion donnée à un patient qui a vécu une expérience ineffable de transmettre un savoir à d'autres qui s'y intéressent. Cette transcription a déjà, en soi, un caractère thérapeutique car elle restaure un lien là où une expérience inaugurale avait isolé le sujet* de ses congénères.

Un enseignement

Avec cette pratique de la présentation, Lacan répondait à la demande des praticiens hospitaliers. Ces derniers s'adressaient au célèbre analyste, d'une part, en raison de l'effondrement de la psychiatrie classique, et, d'autre part, sur le mode du transfert, c'est-à-dire d'une supposition de savoir. D'un autre côté, il y avait le public en quête d'un enseignement. Le patient incarnait de bonne grâce l'objet de la demande de ses médecins et Lacan agissait de façon à ce que ce soit lui, le patient, qui soit à la place de l'enseignant. Certes, Lacan offrait son savoir-faire mais, en dernier ressort, le véritable savoir en question devait surgir de la rencontre, du côté du patient. L'aléatoire de cette rencontre en rajoutait sur la dimension volontiers tragique de cette mise en scène et soulignait la spécificité de la présence de l'analyste qui sait provoquer l'entrée en scène du sujet comme inconscient. Tous ceux qui ont participé aux présentations du Dr Lacan, d'un côté ou de l'autre de la scène, sont restés profondément marqués par l'intensité de cette rencontre.

Ci-dessous : le bureau et le divan de Freud, dans sa résidence à Londres, devenue musée. Au-dessus du divan, le fameux tableau montrant Charcot présentant des malades.

À la suite de Lacan, l'enseignement clinique de la psychanalyse* se poursuit grâce au dispositif de présentations de malades et un échange fructueux s'établit entre les praticiens de la santé mentale, confrontés à l'impossible à supporter, et les psychanalystes supposés savoir redonner la parole à ceux qui ont souffert du langage.

La formation du psychanalyste

Depuis 1953, l'enjeu des scissions au sein des sociétés de psychanalystes tourne autour de la formation des analystes.

La formation des analystes

Celle-ci dépend de la cure. Aucun titre universitaire ne saurait la garantir.

La formation des analystes

Jusqu'à quel point un analyste doit poursuivre sa cure pour pouvoir conduire celle de ses analysants* à son terme ? Jusqu'à quelle rencontre avec son inconscient ? Qu'est-ce qui peut garantir que c'est bien à un psychanalyste que l'on s'adresse ? Autant de questions cruciales pour l'avenir de la psychanalyse* que Lacan n'a jamais cessé de sonder. Elles ont des incidences cliniques et politiques qui ont déchaîné des conflits subjectifs à l'intérieur d'écoles de psychanalystes.

L'invention de la passe par Lacan

En 1967, Lacan invente la passe*, une procédure logique pour permettre à ceux qui, à la suite de leur cure, décident d'occuper la place d'analyste, d'en témoigner auprès d'un jury. Ce témoignage ne se fait pas directement pour éviter les effets imaginaires* liés à la présence physique : le candidat, appelé le passant, témoigne de sa cure auprès de deux passeurs (deux analysants dans le même moment de leurs cures et désignés par leurs analystes respectifs). En 1981, avec la création de l'ECF*, la procédure remplace le jury par deux cartels* ; les témoignages sont rapportés à l'un ou à l'autre.

Le désir de l'analyste

Certains sujets* concluent à la possibilité d'en conduire d'autres au point où l'analyse les a menés eux-mêmes. Lacan a appelé « désir* de l'analyste » ce qui les soutient dans l'acte analytique. Ils doivent pouvoir énoncer dans la passe comment le choix d'occuper cette place

La passe et la fin

Témoigner de sa cure, c'est tenter de rendre compte de son parcours logique et de ses effets : modifications et virages obtenus par la cure, leçons qui ont poussé à changer sa position, évolution du symptôme, construction du fantasme. Ce travail d'analyse effectué, le sujet, renouvelé du fait du changement de sa position subjective, conclut sur ce qu'il va faire de sa vie à partir du désir qui l'habite et qu'il affronte désormais.

formation | Freud | réinventer la psychanalys

leur est venu dans la cure, à partir de leur névrose initiale. Le désir de l'analyste n'a rien à voir avec le désir d'être analyste. Ce n'est pas un désir d'emprise. Il naît de l'aperçu, dans une cure, du manque fondamental où se fonde tout désir, notamment quand chutent les raisons pathologiques de faire une analyse.

> **Le désir de l'analyste**
> C'est la conséquence d'une conclusion tirée par le sujet, qui révolutionne parfois une vie.

L'analyste de l'école

Lorsque le cartel de la passe juge le témoignage convaincant quant à la cure et au passage à l'analyste, il nomme le passant « analyste de l'école » (AE). Cette nomination transitoire engage l'AE à travailler trois ans les points cruciaux de la psychanalyse à partir des leçons de sa cure. Lacan a voulu donner à la psychanalyse une chance de rénover la doctrine, de garder vivante la clinique analytique, réélaborée par la clinique des cures. La nomination d'AE est donc surtout une responsabilité, pas une décoration.

Les enjeux politiques et les dérives

En 1967, l'invention de la passe, sa promotion et sa défense provoquent une première vague de départs au sein de l'EFP*. Ces premiers partants fondent le « quatrième groupe » en 1969. En 1980, une nouvelle crise s'amorce à propos de la passe et des nominations d'AE vécues comme des *satisfecit* : Lacan dissout l'EFP qu'il avait fondée, estimant avoir raté son pari d'une nouvelle école. La plupart des AE de l'EFP refuseront de rejoindre l'ECF. En 1989, au sein de l'ECF, un autre groupe d'AE s'en ira à cause des critiques véhémentes adressées à leur travail par tel responsable politique, et continuera à travailler à partir de la passe dans une nouvelle école ; la passe est encore au cœur de la scission de 1998. Tout se déroule comme si la communauté analytique résistait au savoir nouveau susceptible d'être produit par la passe ainsi qu'aux conséquences politiques qui en découlent.

Comment des psychanalystes peuvent-ils préférer sauvegarder leur pouvoir institutionnel au détriment du développement de la psychanalyse ? La passe a un rôle décisif dans la création des écoles nées de ces crises pour renouer avec les conditions d'existence de la psychanalyse. Les dérives du pouvoir n'incriminent-elles pas la prématurité des fins de cure chez ceux qui les commettent ?

Un rhéteur, un lettré, un poète

La psychanalyse est d'abord une pratique, puis une science du sujet habitant le langage (ou habité par lui).

Le psychanalyste
Il n'est pas un homme de science, mais plutôt un praticien de la lettre, dont il est plus le support, ou l'agent, que l'usager.

Le rhéteur

Reprenant la découverte freudienne à la lumière de la linguistique moderne (Saussure, Jakobson), Lacan met en évidence la parenté entre les mécanismes de l'inconscient (déplacement, condensation) et les figures de la rhétorique – tropes (métonymie, métaphore). L'inconscient est un rhéteur ; son travail est à rapprocher de l'art de l'orateur – parler : convaincre, persuader, suggérer. Art de mentir peut-être ? Plutôt celui de faire ressortir le malentendu du langage, l'équivoque du signifiant*. La psychanalyse* est d'abord une pratique de bavardage, et il revient au psychanalyste non pas d'en rajouter mais de s'y introduire comme « convenable rhéteur » : pour faire valoir, dans ce que dit l'analysant*, l'écart entre ce qui s'entend et ce que ça signifie. Il apprend pour cela à l'analysant à « se lire » et à « se relire » (dans son rêve, son lapsus, son acte manqué, son symptôme).

Le dire
Un dire est une parole qui fonde un fait. Partie de la *talking cure*, d'une pratique de bavardage, la psychanalyse passe par la poésie, parole pour dire, voire à la limite discours sans parole. L'analyste doit donc inciter l'analysant à dire, comme l'écrit déjà Freud, et certes pas l'encourager à parler pour avouer, se confesser, se soumettre.

Le lettré

Permettre à l'analysant d'éprouver que « l'esprit » ne prend son envol qu'à la condition de prendre les choses par les mots et ceux-ci « au pied » de la lettre*, telle est la fonction de l'analyste : « *Ce n'est pas lui* [ou elle], *ce n'est pas mon père* [ou ma mère] » dit l'analysant. « *Mais qui donc parle de lui ou d'elle ?* » suggère l'analyste ! Ainsi, en tant qu'interprète, l'analyste

formation | Freud | réinventer la psychanalyse

est le scribe fidèle et appliqué du témoignage de l'analysant. L'analyste doit être le « lettré » au courant de la fonction de la lettre : la lettre comme support matériel du signifiant (éléments de l'alphabet ou caractères d'imprimerie), comme résidu, dépôt, déchet. L'analyste est sensible à la « portée » de la lettre, à son rapport au sens, il a l'intelligence de sa « référence », c'est-à-dire du type de discours où elle s'inscrit. D'où la considération que Lacan accentue après Freud, pour la multitude et la diversité des œuvres et des institutions, des pratiques et des savoirs : de la création ou de l'esthétique à la philosophie voire à la théologie, à la logique et aux mathématiques, de la religion ou de la morale au droit et à la politique... D'où l'insistance de Lacan, comme Freud, à réaffirmer l'avance du poète – le praticien de la lettre, par excellence, avec le logicien sans doute – sur l'homme de science et le psychanalyste. Selon Lacan, il s'agit pour le psychanalyste non pas tant de donner ou de trouver du sens que de « ne pas rater une seule » lettre dans ce que dit l'analysant.

> « **Les mots font la chose... c'est à l'inadéquation des mots aux choses que nous avons affaire.** »
> **Jacques Lacan,** *Ornicar?* **n° 19, 1979.**

Le poète

Du coup, le repère ultime du psychanalyste n'est pas le linguiste – rhéteur, dialecticien ou grammairien – ni l'amateur d'art et de littérature, mais le poète : celui qui fait la démonstration qu'une langue ne reste vivante, en prise sur les choses, qu'à condition qu'on la réinvente sans cesse (ce que fait tout sujet*, ne serait-ce qu'*a minima*, dès qu'il prend la parole, en son nom propre). L'interprétation analytique, art autant que science, touche à la poésie, entre parole et écriture (à l'instar de la poésie chinoise). Elle se démarque ainsi de la « parole vide », qui se réduit à la trivialité de la signification, à l'univocité de la dénotation. Elle se distingue de la « parole pleine », qui joue du sens, toujours double, use de l'équivoque et abuse de la connotation. Comme poétique, l'interprétation relève de l'art du dire et d'une éthique du bien-dire : elle ne détruit pas le sens mais elle le vide de sa duplicité pour ne maintenir que l'orientation qu'il donne – vers un réel*.

Le psychanalyste s'autorise de sa propre psychanalyse quand elle accouche du désir du psychanalyste. Mais la théorie ne sort pas tout habillée de sa bouche ou de celle de ses analysants. Il se sert pour exercer des arts de la lettre, dont celui du poète.

Lacan et l'IPA : scission et excommunication

Après Freud et ses premiers élèves, médecins, psychologues, philosophes s'intéressent à la psychanalyse dans divers pays du monde : les péripéties institutionnelles commencent aussitôt.

Marie Bonaparte.

La rencontre de Lacan avec Freud

Dès 1926, Marie Bonaparte (1882-1962) introduit la psychanalyse* en France en traduisant les textes freudiens, puis en créant la Société psychanalytique de Paris (SPP*). Lacan fait partie de la troisième génération, celle qui n'a pas connu Freud. En 1932, il envoie sa thèse de psychiatrie sur la psychose à Freud, qui le remercie simplement d'une carte postale. En 1938, lors de son passage à Paris, Freud et quelques psychanalystes français se réunissent chez Marie Bonaparte. Lacan n'est pas convié. Mais n'est-ce pas à cette rencontre manquée que nous devons la rencontre, réussie cette fois, de Lacan avec le texte même de Freud, une rencontre non masquée par la personne même de l'inventeur de la psychanalyse ?

Marienbad

Déjà, en 1936, Lacan se rend au congrès international organisé par l'IPA* à Marienbad. Il y présente son premier rapport sur le stade du miroir*. Freud est absent. Lacan est interrompu par le président Emst Jones (1879-1958) au bout de 10 minutes. Il en est blessé et ne donne pas son texte à publier. Celui-ci, réécrit en 1949, paraît dans ses *Écrits* (1966). À partir de ce rapport, et après Marienbad, Lacan écrit *Au-delà du principe de réalité*, qui fait écho à un titre célèbre de Freud, *Au-delà du principe de plaisir* (1920). Dans ce travail, Lacan annonce un système de pensée très novateur, en rupture avec la doctrine de cette seconde génération d'analystes qui,

Marchandage

La reconnaissance de la SFP par l'IPA est acceptée en échange de la mise à l'écart de Lacan et Dolto, en particulier de l'enseignement et des analyses de contrôle.

formation | Freud | réinventer la psychanalyse

il le démontrera, dévoie le tranchant freudien. Il interroge la façon dont, pour le sujet*, se constitue la réalité et comment ce dernier se reconnaît dans son « je », question qui annonce la conception lacanienne du sujet de l'inconscient telle qu'elle modifiera la psychanalyse.

L'enjeu de l'enquête de 1959

C'est la place de Lacan dans la SFP (et celle de certains collègues comme Françoise Dolto), sa pratique de la cure, son maniement du transfert, son enseignement, son travail de didacticien (analyste de futurs psychanalystes, selon la conception de l'époque).

Lacan libre-penseur et psychanalyste devient dangereux pour l'IPA

Son immense culture, son intérêt pour tous les champs du savoir, sa capacité à conceptualiser la clinique et à inventer font de Lacan le passeur d'une autre lecture de Freud. Ses traductions et commentaires font saisir l'extrême pointe de la découverte freudienne. Il devient très vite, pour sa génération, celui qui refonde et renouvelle la psychanalyse. Mais il est perçu comme un danger par les psychanalystes fondateurs de l'IPA. En 1953, une première scission a lieu, au sein de la SPP, à propos de la formation des analystes. Le nouveau groupe mené entre autres par Françoise Dolto, Daniel Lagache, et rejoint par Lacan, fonde la Société française de psychanalyse (SFP*) et demande, en 1959, son adhésion à l'IPA. Une commission d'enquête est formée (*voir* brève ci-contre). Le rapport conclut, en 1961, sur le caractère dangereux de Lacan pour la psychanalyse.

L'excommunication, le Séminaire XI et l'ECF

Lacan prévoit la poursuite de son enseignement pour l'année 1963/1964 par le séminaire sur « Les Noms-du-père ». Lors de sa première et unique intervention, le 20 novembre 1963, il annonce sa suspension, car il a appris la veille que la commission de la SFP a accepté sa marginalisation et celle de Dolto. Certains de ses collègues le lâchent pour rester au sein de l'IPA. Il poursuivra son enseignement avec un séminaire sur « Les quatre concepts fondamentaux de la psychanalyse ». La scission est consommée avec l'IPA. Lacan suit alors la voie tracée par le désir* qui l'habite, celui de faire résonner l'invention freudienne avec de nouveaux concepts tels ceux empruntés à la linguistique.

L'enseignement et la pratique témoignent du refus de Lacan de céder sur la psychanalyse. La rupture avec l'IPA est inévitable et le conduit à fonder, en 1964, l'École freudienne de Paris (l'EFP*).

L'enseignement : le séminaire, le département de Paris VIII

Lacan a marqué la culture par un enseignement qui lui est accidentellement échu mais animé de son désir, et par ses rares écrits. L'université lui offre un département à Vincennes.

Le séminaire

Lacan choisit Miller pour éditer le séminaire. 19 ans après la mort de Lacan, cette publication n'est pas achevée. Numéroté de 1 (1953-1954) à 26 (1978-1979), il faut lui ajouter le séminaire *Dissolution* (1979-1980) prononcé juste avant de mourir (1981).

Une logique fondée sur le sujet

La logique mise en œuvre par Lacan prend son départ dans le fait que le signifiant représente le sujet pour un autre signifiant parce qu'il n'y a pas de parole sans un sujet qui l'énonce.

Place du séminaire (1951-1981)

À 50 ans, Lacan commente chez lui pour 25 analystes en formation les textes freudiens : *Dora* en 1951, *L'Homme aux loups* en 1952. Une crise divise la SPP* sur la formation des psychanalystes au sein d'un institut excluant les non médecins, et sur la technique des séances courtes. Lacan accompagne la majorité des soixante-dix élèves de l'Institut au sein d'une nouvelle association : la Société française de psychanalyse (SFP*). Dès 1953, son séminaire est public.

Lacan le poursuit parce que la fonction de psychanalyste ne va pas de soi. Pour en parler, il se promet d'exclure répétitions et banalités, d'examiner à quelles conditions Freud a découvert l'inconscient, de prendre au sérieux l'ignorance (partiellement justifiée par l'inconscient) des psychanalystes quant à la psychanalyse.

Origine

Cet enseignement se fonde sur le fait que le langage parasite l'homme, et que le sexuel y introduit du même coup la dimension de la vérité (ce qui échappe à la signification). La lecture de Freud montre comment un mot est le centre de gravité du désir*. Lacan en déduit que la division entre psychanalyse et science ne passe pas entre physique et psychique, mais entre psychique et logique. La psychologie ignore le sexuel freudien et

formation   Freud   réinventer la psychanalyse

la distinction entre vérité et réalité ; il n'y a pas de vérité sans langage, et le langage ouvre la possibilité d'une logique. Cette logique repose sur l'élément ultime du langage, le signifiant*, et sur le lieu de la vérité supposée où la parole prend sens, l'Autre*. Entre le sujet* et l'Autre se joue une partie de désir et de demande : le névrosé est celui qui désire que l'Autre lui demande. Trente ans durant, Lacan développe cette logique des rapports entre le sujet et l'Autre ($—>A).

Le département de Psychanalyse à Paris VIII

Après Mai 1968, la psychanalyse lacanienne est invitée à l'université expérimentale ouverte à Vincennes. Un département de psychanalyse est créé en philosophie, sous la direction de Serge Leclaire. Lacan lui dicte objectifs et programme. Non pas aider l'analyste par la diffusion universitaire des sciences, mais permettre aux sciences de se renouveler à partir de l'expérience analytique : une linguistique qui prendrait au sérieux l'inconscient et l'équivoque, une « logique » accentuant ce qu'elle est comme science du réel*, la « topologie* » (pour la structure du sujet), « l'antiphilosophie » (contre la supposition éducative du discours universitaire).

Lacan réorganise le département en 1974. Son gendre, Jacques-Alain Miller, en prend la direction. En naîtront une revue, *Ornicar ?*, une section clinique (séminaires et présentations de malades), un troisième cycle. L'ensemble repose sur le fait que le discours analytique « *exclut la domination* » et ne s'enseigne pas : que le département le démontre mathématiquement constituerait sa contribution !

Demain, la psychanalyse à l'université ?

Également confié à Miller, le Collège de la formation permanente réunissant les sections cliniques, sauf celle de Paris VIII, relève de la Fondation du Champ freudien que dirige la fille de Lacan, Judith Miller. Malgré sa situation atypique au regard des critères universitaires, le département conserve ses diplômes de troisième cycle grâce à la bienveillance de l'État.

Prescrire la psychanalyse aux savants

Lacan considère que la psychanalyse est ouverte au sujet qui la demande. Il ne propose pas, en conséquence, de listes de prescriptions qui la réserverait à certaines « pathologies » et en exclurait d'autres. Il fait cependant une exception pour souhaiter sa prescription à ceux qui font profession d'enseigner les sciences !

La présence de la psychanalyse lacanienne à l'université reste précaire. La réforme des universités a amené le département de psychanalyse à sortir de l'UFR de philosophie pour constituer l'UFR « Communication, Animation, Psychanalyse, Formation, Éducation, Didactique ».

Une école pour les psychanalystes

L'acte de fondation de l'École freudienne de Paris articule un trépied sur lequel toute école aujourd'hui construit son programme : intension, extension et sciences affines.

Une logique borroméenne

En logique borroméenne, aucune dimension ne prévaut sur les deux autres. La psychanalyse* perd sa raison d'être si elle exclut la cure (intension). Mais elle la perd également à méconnaître le politique (extension) – totalitarismes, intégrismes de tous bords, y compris psychanalytiques. Enfin, elle s'évanouirait à se couper des avancées de la science (sciences affines). Toute école se trouve au carrefour de cette triade. Comment réaliser ce programme ?

Lacan a créé un outil et formalisé chaque dimension. Il a inventé : la passe* pour traiter l'intension, le cartel* pour l'extension (la diffusion du discours analytique, son interrogation par les autres discours) et le département de psychanalyse pour les sciences affines. Théoriquement, il a formalisé : la fin de l'analyse, aidée par son invention de l'objet *a** (intension), le discours analytique comme lien social (extension), les limites et impasses des autres discours (sciences affines) pour traiter la jouissance*.

> **Le nœud borroméen**
>
> Lacan pense l'articulation entre ces trois dimensions (intension, extension, sciences affines) sur le modèle du nœud borroméen : un nœud fait de trois ronds (de ficelle), tel qu'à trancher l'un quelconque, les deux autres sont libres.

Dernier acte institutionnel : la dissolution

En 1980, la passe* décriée, Lacan dissout son école et crée une association qui parie sur sa conception de la cause (lieu vide causant le désir*) : la Cause freudienne qui aurait dû être doublée d'une école. Cette association échoue, du fait des adversaires de Lacan qui l'encombrent. Elle est, à l'initiative de quelques-uns (Éric Laurent, Jacques-Alain Miller, Danièle et Michel Silvestre, Colette Soler…) relayée par une école que Lacan a adoptée.

formation   Freud   réinventer la psychanalyse

Le cartel

Le vœu de Lacan (une association et une école à la structure déterminée par le discours analytique) est refoulé. Ses indications institutionnelles n'ont pas l'écho escompté. En 1980 (ECF*), comme déjà en 1975 (EFP*), il insiste sur le cartel comme « *l'organe de base* ». Si les cartels fonctionnent nombreux dans la nouvelle école (ECF), ils ne pèsent pas sur son orientation, confisquée par les instances dirigeantes : l'école fonctionne comme une association commune. Du coup, elle connaît les phénomènes de groupe et le risque de se convertir en multinationale du concept psychanalytique.

Une nouvelle identification

Dans les *Non dupes errent*, Lacan évoque un type d'identification nouveau, un point du groupe : la cause du désir. Le groupement de 4 + 1 qui formalise le cartel se voit indiquer en quoi il contribue à un nouveau lien social : il pare théoriquement à l'identification au Maître et à toute place de commandement des discours ; il indique ce qui doit orienter le Plus-Un. Le cartel n'est pas fait pour lever l'illisibilité voulue par Lacan dans ses textes. En exigeant « un produit propre à chacun », Lacan sollicite l'effet analytique auquel le travail de cartel soumet chacun de ses membres.

L'école et la garantie

L'école de Lacan a à charge de produire des analystes et de garantir leur formation : vérifier, grâce à la procédure de la passe, qu'il y a de l'analyste et que celui-ci sait… qu'il n'y a pas d'Autre* qui garantisse la psychanalyse, que celle-là est à réinventer en chaque cure. Une école pour des psychanalystes repose sur le traitement du réel*, ce que Lacan traduit par identification à la cause : pas de meilleure façon de résister à l'installation de normes politiques, à la pensée unique ou à la prise de pouvoir par quelques-uns.

Pas d'école sans une critique assidue de la pire passion selon Lacan : l'ignorance. La présence d'au moins une école conforme à la structure du discours analytique démontrerait que la psychanalyse n'est pas morte !

Le testament de Lacan

Lacan meurt le 9 septembre 1981, après avoir adopté l'ECF*. Certains élèves contestent l'authenticité de ses derniers textes, d'autres se disputent l'héritage. Que nous laisse-t-il ?

Un nom

La science moderne s'efforce d'effacer du savoir toute trace du sujet*, pour atteindre objectivité, universalité, généralisation. En vain. Le sujet ne cesse d'insister dans le réel*. La science réussit mieux à se débarrasser de la vérité au profit de la réalité. Le nom de Lacan est devenue une sorte de synonyme de la protestation du sujet comme du retour de la question de la vérité dans le réel. Sans parler de son vœu d'appeler « champ lacanien », le champ défini par la découverte de l'inconscient après l'introduction de la catégorie de « jouissance* ».

Des inventions doctrinales

Elles sont trop nombreuses pour être toutes énumérées ici : le primat du signifiant* et l'exploitation de la linguistique ; la tripartition réel, symbolique et imaginaire* ; le stade du miroir* ; le réel et les jouissances (phallique, féminine, supplémentaire, du sens) ; la distinction entre le symptôme (dont on souffre) et le sinthome (l'incurable à quoi se réduit le symptôme à la fin de la cure)... Lacan lui-même s'est plu à désigner comme étant sa seule invention ce qui de la structure n'est pas du signifiant, ce qui de l'être du sujet échappe à la représentation signifiante et qui lui a permis de réviser aussi bien la théorie de l'angoisse, l'éthique de la psychanalyse* que la direction de la cure, et qui ordonne l'ensemble de ses avancées : l'objet *a**.

> ### Le testament
>
> « *L'Autre manque.*
> *ça me fait drôle à moi aussi.*
> *Je tiens le coup pourtant,*
> *ce qui vous épate, mais je ne le fais*
> *pas pour cela. Un jour d'ailleurs*
> *auquel j'aspire, le malentendu*
> *m'épatera tant de venir de vous*
> *que j'en serai pathique*
> *au point de n'y plus tenir.*
> *S'il arrive que je m'en aille,*
> *dites-vous que c'est afin*
> *– d'être Autre enfin.*
> *On peut se contenter d'être*
> *Autre comme tout le monde,*
> *après une vie passée*
> *à vouloir l'être malgré la loi.* »
> (13 janvier 1980)

formation | Freud | réinventer la psychanalys

La transmission de la psychanalyse

Lacan nous laisse les moyens de penser la transmission de la psychanalyse. La psychanalyse ne se transmet qu'en étant réinventée pour chaque cas. Pour ce faire, le psychanalyste doit avoir extrait de sa propre cure, dans un moment dit de « passe* », le « désir* » avec lequel il opère.

La structure de l'expérience psychanalytique mobilise trois registres : réel, symbolique, imaginaire. De leur nouage dépend que soient maintenues les conditions de cette réinvention.

Sur le versant du réel, Lacan nous lègue l'école comme lieu où se rencontrent les psychanalystes pour interroger la passe : de quel réel est fait le désir de chaque psychanalyste ? De quel irréductible à tout savoir préétabli y compris de la psychanalyse elle-même ?

Sur le versant du symbolique, Lacan nous lègue encore l'association qu'il distingue de l'école parce qu'au lieu d'être centrée sur la passe, elle est organisée autour d'un signifiant maître (un nom) comme principe de rassemblement, signifiant qu'elle utilise pour la mise au travail dans les enseignements, les journées d'études…

Sur le versant imaginaire, chose surprenante, Lacan inscrit la formation du psychanalyste (la clinique) à la faveur d'une équivoque : il n'y a pas de formation du psychanalyste (au sens où existerait une formation universitaire), il n'y a que des formations de l'inconscient où un autre sens – imaginaire donc – se fait entendre.

Surtout, réel, symbolique et imaginaire ne tiennent ensemble que par un « quatrième » : le psychanalyste comme symptôme. Sans production du psychanalyste, sans la vérification d'au moins un psychanalyste dans la passe, les ronds du réel, du symbolique et de l'imaginaire – école, association, formation clinique – demeurent indépendants ou noués sur un mode qui interdit la psychanalyse.

> **La fonction du cartel**
> Lacan propose un autre dispositif pour interroger et mettre le savoir au travail : le cartel, « organe de base de l'école », réunion de quatre personnes qui en choisissent une cinquième pour les empêcher de faire groupe.

> En un sens, Lacan a créé les conditions pour que les psychanalystes ne se disputent pas sa dépouille, puisqu'il leur a transmis cette exigence : la survie de la psychanalyse ne sera assurée que s'ils savent se servir de lui comme de Freud – pour la réinventer.

Héritiers et successeurs, essaim ou nébuleuse

L'héritage de Jacques Lacan n'est pas réductible seulement à l'enseignement qu'il nous a laissé ou à l'institution, toujours en chantier. Au-delà, il y a la transmission de la psychanalyse, dont on dit qu'elle est impossible, mais il en laisse néanmoins la charge aux psychanalystes qui viennent après lui.

Pourquoi l'institution

Freud s'est aperçu très tôt que les psychanalystes avaient besoin d'une institution, d'une association pour se rencontrer, comme un lieu d'inscription du travail, lieu de vérification de l'existence du psychanalyste et d'orientation de la doctrine, où, à partir de la clinique, peut se construire une théorie. Les crises et les scissions de ces organisations ont toujours été la conséquence d'âpres discussions entre les analystes pour maintenir les points vifs de la psychanalyse*.

Les conflits

Dès sa naissance, l'IPA* a été secouée par des crises qui ont mené à des scissions retentissantes. Ne retenons que la rupture entre Freud et Jung (1875-1961) autour de l'étiologie sexuelle de la névrose, et, plus tard, « l'excommunication » de Lacan par l'IPA. Ni Freud ni Lacan n'ont accepté de céder sur ce qui leur semblait fondamental à préserver pour la psychanalyse : pour Freud, l'étiologie sexuelle de la névrose, pour Lacan, la scansion de la séance, la pulsion de mort et la réorganisation de l'institution, le réel*.

L'essaim

L'IPA a évité l'éclatement au prix de la présence de courants parfois antagonistes (les kleiniens et les annafreudiens). En revanche, dès la dissolution de l'EFP*, le mouvement lacanien a éclaté en de mul-

formation   Freud   réinventer la psychanalys

tiples groupes dénommés, par certains esprits chagrins, la « nébuleuse ». Ils pensaient dénoncer ainsi la brume dans laquelle erraient ceux qui se réclament de l'enseignement de Lacan, tandis qu'ils revendiquaient pour la seule ECF* le titre d'héritière de Lacan. Pour notre part, nous préférons qualifier cet éparpillement d'essaim : Lacan phonétise ainsi le signifiant* nouveau S1, évoquant les abeilles quittant la ruche pour en créer une nouvelle.

Pour Érik Porge (revue *Essaim* n° 1), cette dispersion est la vérité du rassemblement et est propre au mouvement lacanien. La récente crise à l'ECF (1998-1999) a montré que le point de butée « réel » du groupe est constitué par la question de la fin de la cure et ses conséquences. C'est autour du dispositif de la passe*, créé par Lacan pour étudier concrètement le passage de l'analysant* à l'analyste, que se sont cristallisés les désaccords. Ils sont souvent amplifiés par le fréquent ratage de la mutation attendue du « travail de transfert » à l'œuvre dans les cures, en « transfert de travail » qui devrait être à l'œuvre dans l'institution.

Le salut par la crise

Le groupe analytique est une nécessité. Le problème est de savoir quelle forme il doit prendre. Simple groupement de recherche, association locale voire mondiale version IPA ou AMP (Association mondiale de psychanalyse), école : jusqu'à présent ces formules ont, d'un point de vue ou un autre, toujours échoué. Mais il est tout aussi juste de dire que ces crises récurrentes ont fait avancer la réflexion, voire la psychanalyse elle-même, grâce à ceux qui ont profité des échecs pour créer du neuf. Ces crises sont peut-être même, sans doute, inévitables et constituent-elles ce qui permet au mouvement psychanalytique d'éviter l'étouffement : une sorte de témoignage de la protestation du réel de la psychanalyse contre le fait de se laisser résorber aussi bien dans un savoir doctrinal que dans une forme institutionnelle.

Lacan a opéré un retour à Freud sur lequel il n'a pas cédé, ce qui a conduit à son exclusion hors de l'IPA. Un retour à Lacan est-il nécessaire pour que ne se perde pas le tranchant de cet enseignement ? Le mouvement est amorcé.

Le champ lacanien, Lacan et la politique

Issu d'un milieu réactionnaire, poussé par la logique du discours analytique qu'il a servi jusqu'à sa mort, Lacan renouvelle l'approche de la démocratie et du lien social.

Les génocides

Le génocide est la tentative d'éliminer l'ennemi accusé du vol de la jouissance, oubliant que, dans cette logique, il constitue l'exception qui permet de définir l'ensemble humain d'appartenance : un « autre » devra resurgir pour expliquer le vol de la jouissance et pour assurer chacun de son identité communautaire !

Le champ freudien

Freud rend compte du malaise dans la civilisation par l'incompatibilité du sujet* et de la jouissance* : le mythe de *Totem et tabou* et le complexe d'Œdipe reposent sur la nécessité du sujet de prendre sur lui le meurtre du père jouisseur en échange de sa propre humanisation (*voir* pp. 28-29). Le refoulement de la faute constitue le champ freudien de l'inconscient. Névrosés, hommes politiques pensent la jouissance comme un bien positif perdu : son vol est responsable de tous les malheurs. Ils s'efforcent d'identifier le voleur, une restitution les guérirait de leur frustration. Ce voleur supposé permet de tracer les limites de la communauté, résolvant partiellement le problème de l'identification. Les nationalismes ont un avenir !

L'avenir du racisme

Le champ lacanien n'est plus défini seulement par l'inconscient. Le lien social se distingue du groupe bâti sur l'exclusion. Il repose sur le traitement de l'altérité, dispensant quiconque d'incarner la jouissance hétérogène ou son voleur : le psychanalyste a la tâche de faire semblant de l'exception. Il remplit symboliquement la fonction logique de l'exception réelle. Grâce à la présence de la psychanalyse*, personne n'a à payer de son exclusion réelle la construction du lien social pour les autres*.

Le sujet de la démocratie

Il existe un obstacle à la montée des discours totalitaires : Lacan isole dans la jouissance la plus particulière – l'être de jouissance – ce qui fonde l'irréductibilité

formation   Freud   réinventer la psychanalys

du sujet au signifiant*. Le sujet proteste contre toute tentative de réduction de son être à un savoir. Toujours responsable de sa position, il peut dire non à ses déterminations biologiques, psychologiques, sociales. La psychanalyse fournit la théorie du sujet de l'acte – dont la démocratie a besoin : celui qui ne s'en remet à aucun Autre* parce qu'il n'existe pas d'Autre capable de dire qui il est, ni de lui dicter sa conduite sans le détruire.

Les psychanalystes d'aujourd'hui

Sauront-ils trouver dans l'héritage lacanien de quoi permettre à leurs analysants de réinventer la psychanalyse à chaque cure ? Il faut que les analysants soient prévenus que ce sera parfois contre les psychanalystes eux-mêmes.

Échec du lien social

Lacan prédit, dès les années 1970, la montée du racisme et du religieux (les intégrismes), et avoue redouter que la psychanalyse ne se mette au service du capitalisme.

Un lien social renouvelé

Lacan reformule la problématique du lien social : comment le sujet* réussit-il à loger le plus particulier de ce qu'il est dans le champ social sans le dissoudre dans le commun, et sans que le commun ne se défasse sur ce particulier ? Ce « plus particulier » est noué au lien social par le symptôme : la résolution du symptôme doit préserver l'irréductibilité de sa fonction (sinthome). La dissolution du lien social obligerait le sujet à choisir entre la jouissance quasi masturbatoire de ce qu'il est ou sa résorption dans la foule anonyme, sa commercialisation comme objet du marché ou son don à la science.

L'avenir de la psychanalyse

La crainte de Lacan est confirmée : des psychanalystes usent de son héritage pour la conquête quasi impérialiste d'autres domaines du savoir, ou du monde, sur le modèle lucratif d'entreprises multinationales. Faut-il s'étonner qu'un responsable d'association psychanalytique ait soutenu la dictature de son pays et que les instances internationales de la psychanalyse aient fermé les yeux ? Que des psychanalystes conseillent des politiques de droite ou de gauche, exercent un pouvoir médiatique ? Il ne s'agit que de faits épars : ils réclament de la vigilance.

Le discours analytique n'exerce comme tel aucun pouvoir. C'est en quoi sa présence contribue à rendre le lien social habitable. Celle-ci dépend de ce que les psychanalystes feront pour que la psychanalyse soit réinventée à chaque cure, notamment une école, lieu de résistance à leur propre tentation totalitaire.

De Freud à Lacan

Freud découvre l'inconscient et la libido en établissant la pratique et la doctrine de la psychanalyse. Lacan formule la logique à l'œuvre dans cette invention.

Formation

Médecin et neurologue, Freud rencontre des hystériques : il y fait l'épreuve des impasses des théories et des psychothérapies. Psychiatre informé en philosophie, en sciences humaines et sociales, en arts, en politique, Lacan débute son entreprise par la psychose. Il y mesure l'insuffisance de la psychiatrie et la pertinence du freudisme.

Théorie

Freud pose les concepts de l'analyse* : inconscient, transfert, pulsion, répétition. Il définit la psychanalyse comme traitement de la pulsion de mort et réponse au malaise dans la civilisation. Il considère l'inconscient comme une mémoire à interroger et à déchiffrer, et la sexualité comme l'énergie de base de l'appareil psychique. Il se réclame des sciences exactes : physique, chimie, thermodynamique, biologie…
Lacan pose que l'expérience du « parlêtre » (être parlé et être parlant) advient comme sujet*. Il démontre que « *l'inconscient est structuré comme un langage* », et que ce qui échappe au langage, la jouissance*, trouve une orientation avec la sexualité. Il se réfère à la linguistique, à l'anthropologie, à la logique et à la topologie*. Il forge des concepts nouveaux : sujet, réel*, jouissance, objet *a**, lien social…

Critiques théoriques

Lacan critique la notion de développement (le présupposé du narcissisme primaire) et l'énergétisme freudien (la conception substantialiste de la libido, la réduction de la pulsion à l'instinct).

Clinique

Freud a créé le dispositif de la cure en s'appuyant sur la règle fondamentale. Avant la cure, il propose l'analyse à l'essai. Il conçoit et pratique l'interprétation et la construction comme modes de l'explication à donner au patient. La relation du patient à l'analyste repose sur le transfert : celui-ci se résout grâce à son interprétation par l'analyste. Le transfert s'identifie

formation   Freud   réinventer la psychanalys

à la répétition dans l'expérience du sujet. Pour tenir sa position, l'analyste doit se garder du contre-transfert. La fin de l'analyse est la rencontre d'une impasse, la butée sur le roc de la castration.

Lacan innove dans la définition des responsabilités de l'analyste. Il généralise les entretiens préliminaires à l'entrée de la cure. Il use de l'interprétation comme coupure (couper court au bavardage, encourager le dire) et il laisse à l'analysant* le soin de la construction. Il préconise une manœuvre du transfert : permettre à l'analysant* de s'en servir sans s'y asservir. Il disjoint le transfert (rapporté au sujet supposé savoir) et la répétition (liée à la jouissance en tant que perte). L'analyste tient à un désir* spécifique, le désir de l'analyste, « d'obtenir la différence absolue » du sujet. Pour cerner ce désir, Lacan invente la passe*.

Politique et institution

Du vivant de Freud est mis en place l'IPA* dont il attend qu'elle maintienne intacte sa découverte. Celle-ci a survécu en gérant l'héritage comme un patrimoine : elle s'est constituée en corps de spécialistes, se subordonnant à l'autorité de la médecine et de la psychiatrie, tentant d'assimiler la psychanalyse à une science en la faisant rentrer dans le giron de la psychologie générale.

Lacan souhaite une institution capable de réunir les conditions de transmission de la psychanalyse. Il fonde une école, définie comme « *refuge et base d'opérations contre le malaise* ». Son fonctionnement repose sur la passe et sur le cartel*. En marge de l'école, Lacan renouvelle la présentation de malades, occasion de mettre la psychanalyse à l'épreuve de la rencontre du « malade mental ». Il encourage la confrontation de la psychanalyse avec les non-analystes, notamment à l'université.

Au-delà
de la critique
de certains
aspects freudiens,
Lacan a,
par ses innovations
aux plans clinique,
théorique
et institutionnel,
renoué
avec les conditions
qui ont présidé
à la découverte
de l'inconscient.

De Freud à Lacan : tableaux comparatifs

Il s'agit moins de dresser une fiche récapitulative que d'accentuer certains traits caractéristiques.

Formation	
Freud	Lacan
• neurologie • hystérie*, psychothérapies…	• psychiatrie • paranoïa

formation   Freud   réinventer la psychanalyse

Théorie	
Freud	Lacan
• inconscient, transfert, pulsion, répétition, pulsion de mort, malaise dans la civilisation… • l'inconscient conçu comme une mémoire, une histoire • références épistémiques : biologie, chimie, thermodynamique…	• Lacan ajoute : sujet*, jouissance*, réel*, objet *a**, lien social (discours)… • l'inconscient est structuré comme un langage • références épistémiques : linguistique, anthropologie, logique, topologie*… • dénonce le narcissisme primaire, abandonne l'énergétique freudienne

Clinique	
Freud	Lacan
• dispositif de la cure • analyse* à l'essai • interprétation comme explication • interprétation du transfert • identification du transfert et de la répétition • contre-transfert • impasse, butée sur le roc de la castration	• entretiens préliminaires • interprétation comme coupure • manœuvre du transfert • disjonction du transfert et de la répétition, le transfert est rapporté au sujet supposé savoir • désir* du psychanalyste • passe* • présentation de malades (réinventée)

Politique et institution	
Freud	Lacan
• association internationale • analyse didactique et didacticiens • rapports à la médecine, à la science et à la politique	• l'école, distincte de l'association • le dispositif de la passe • le cartel* • enseignement à l'université pour le non analyste, et formations cliniques des psychanalystes

Œuvre	
Freud	Lacan
• écrite (bien que nous possédions les minutes des discussions tenues à la Société du mercredi à Vienne)	• orale (le séminaire) jalonnée d'écrits rigoureux (dont ceux rassemblés dans les *Écrits* en 1966)

l'école   héritage ou transmission   approfondir

Glossaire

Analysant (ou psychanalysant) : désigne celui ou celle qui se soumet au processus de l'analyse*. C'est celui ou celle qui travaille, qui est dans le travail de l'inconscient.

Analyse (ou psychanalyse) : c'est à la fois un moyen d'investigation spécifique des processus psychiques, une méthode de traitement inventée à partir de l'approche des névroses, une théorie ou une doctrine élaborée sur la base des résultats obtenus par ce moyen et cette méthode. Freud est le père de la psychanalyse, et Lacan le promoteur d'un retour à Freud, c'est-à-dire au sens de la découverte freudienne et aux principes de la psychanalyse.

autre : avec un « a » minuscule désigne le semblable, celui ou celle avec qui on entretient une relation imaginaire*, faite d'identification, de rivalité, de concurrence.

Autre : avec un « A » majuscule désigne ce dont dépend le sujet*, le lieu de ses déterminations (l'antériorité du langage, la primauté du signifiant*), et aussi ce à quoi il est fait recours, ce qui est invoqué pour mettre de l'ordre dans le monde humain (le lieu de la loi).

Cartel : dispositif de travail inventé par Lacan sur le modèle du « groupe sans chef » : pour contrer les effets de groupe, provoquer et soutenir le désir* de savoir, faciliter la contribution de chacun à l'élaboration du savoir analytique. Autour d'un objet commun de travail, quatre personnes décident de se réunir et choisissent une cinquième personne (le « Plus-Un »), dont la fonction n'est pas de commander ni d'enseigner, mais de maintenir l'ouverture du groupe en vue de la production de savoir et de la mise en circulation des résultats. C'est pourquoi chacun des cinq du cartel définit un sujet de travail qui lui est propre.

Désir : il y a toujours, selon Freud, un écart entre la satisfaction attendue et la satisfaction obtenue, soit un défaut de satisfaction,

constitutif du sujet*, et une absence radicale d'objet susceptible de le combler. C'est pourquoi le désir se définit comme mouvement de retrouvaille d'un objet foncièrement – c'est-à-dire depuis toujours et à jamais perdu.

ECF : École de la cause freudienne (créée en 1980).

EFP : École freudienne de Paris (1964-1980).

Horde (primitive) : Freud fonde l'entrée dans l'humain sur le meurtre du chef de la horde primitive qui confisquait la jouissance* des femelles à son profit. Les fils se reconnaissent frères parce qu'ils élèvent un trait de la bête morte en totem : première version du Nom-du-Père. Cette bête jouisseuse qui ne se sait pas père, qui n'entre pas dans la communauté humaine réglée par le complexe d'Œdipe et le phallus, et qui pourtant, comme exception, est au fondement de la fonction paternelle, devient logiquement avec Lacan : il existe au moins un sujet* qui dit non à la fonction phallique ($\exists x.\overline{\Phi x}$).

Hystérie : névrose, c'est-à-dire maladie du sujet*, en tant qu'être parlant, laquelle prend la forme d'une interrogation insistante dont les effets sont embarrassants voire handicapants pour lui : dans le cas de l'hystérie, il s'agit d'une question implicite qui porte sur le sexe (suis-je homme ou femme ? qu'est-ce qu'une femme ?). Les symptômes dominants concernent le corps (conversion somatique : toux, aphonie, paralysie, anesthésie…)

Idéal du moi : avant même la naissance, les parents parlent du bébé. C'est donc qu'il existe une place où il est représenté dans leur discours. L'idéal du moi est le signifiant de cette place. C'est de là, s'il consent à cette représentation symbolique, qu'il reconnaîtra d'abord ses semblables (moi idéal) avant d'en déduire non seulement sa propre image (moi) mais ce qu'il doit faire pour se conformer aux attentes de l'Autre*. C'est là qu'il prend appui dans le langage pour prendre la parole.

formation   Freud   réinventer la psychanaly

IFCL : Internationale des Forums du Champ Lacanien, créée en 1999.

Imaginaire : à trait à tout ce qui relève de la représentation humaine, désigne donc ce qui est du domaine de la signification, de l'ordre du sens : en tant que ces derniers dépendent de l'existence du langage, qu'ils sont donc commandés par le signifiant*, subordonnés à ses lois propres.

IPA : Association psychanalytique internationale, créée en 1910.

Jouissance : comme dans le droit, c'est « ce qui ne sert à rien ». Elle se présente comme plaisir nocif, pulsion de destruction (pulsion de mort, pour Freud), ou encore comme satisfaction paradoxale ou impossible (substance négative, pour Lacan). Défaut, manque, faute (péché originel), elle est le cœur même du sujet*, qui ne peut s'affirmer sans la prendre en charge.

Lettre : support matériel du signifiant*, élément dernier du langage, dépôt, résidu, déchet voire rejet de son exercice et de ses utilisations. En elle se condense la part du non-sens, de l'irreprésentable, de l'impensable. Elle opère comme fonction de bord : barre entre signifiant et signifié, frontière ou lisière ou littoral entre langage et jouissance*.

Mathème : formule quasi mathématique, système d'écriture, jeu de lettres*, destinés à une transmission sans perte, conformes à un idéal de simplicité, et à la limite sans sujet* : en réalité, il nécessite quand même le commentaire, et peut donner lieu à plusieurs lectures différentes, sinon divergentes.

Nœud borroméen : figure topologique dont le principe est emprunté aux armoiries de la famille des Borromée : c'est un nœud composé de 3 + n ronds de ficelle, qui sont reliés de telle sorte que, si l'on coupe l'un quelconque d'entre eux, tous les autres ronds se retrouvent libres. Lacan s'est servi de ce nœud pour tenter de donner une présentation de la stucture du sujet* qui soit susceptible d'échapper aux représentations imaginaires* (opposition dedans-dehors, inférieur-supérieur, simple-complexe).

Un sujet donné se caractérise par un mode de nouage particulier, sinon singulier et original, de l'imaginaire, du symbolique et du réel*.

Objet a : Jacques Lacan se sert de la lettre *a* (toujours en italique) pour faire entrer, dans le calcul de la logique propre au discours analytique, l'incidence de tout ce qui, de la structure, n'est pas du signifiant* (le réel*, la jouissance*, la pulsion) ; objet *a* désigne alors l'objet qui cause le désir – objet foncièrement perdu chez Freud, reste de la jouissance structurellement en défaut chez Lacan.

Paranoïa critique : la psychanalyse* comme paranoïa critique est une sorte de contradiction dans les termes pour qui sait la soumission du paranoïaque aux exigences de l'Autre*, ce persécuteur, qu'il se construit de structure : la psychanalyse, quant à elle, contraindrait le sujet* aux conséquences de sa confrontation avec la cause de son propre désir*.

Passe : procédure pour recueillir le témoignage de celui qui passe de la condition et de la place d'analysant* à la position et à la fonction d'analyste.

Psychanalyse : *voir* Analyse.

Réel : l'une des trois dimensions de la structure du sujet*. Il doit être distingué de la réalité commune, qui, elle, est liée à un discours dominant en tant qu'il fait lien social et qu'il crée un monde admis par tous les sujets qui y participent. Le réel se définit à partir d'une limite du savoir. Il ne peut donc se saisir ou s'appréhender, à la différence de la réalité, mais plutôt se cerner ou se déduire, en empruntant à la logique : le réel, c'est l'impossible à dire. C'est ce qui ne peut pas ne pas avoir lieu mais sans qu'on soit jamais à même de le prévoir ni de le prévenir.

$<>D : le poinçon (<>) avec lequel Lacan écrit le mathème* de la pulsion traduit l'inadéquation du sujet*, effet du langage, représenté par un signifiant* pour un autre* (donc divisé : $) : il mêle à la fois les signes plus grand (>), plus petit (<), union (v), intersection (^).

Glossaire (suite)

SFP : Société française de psychanalyse*
(1953-1963).

Signifiant : c'est l'élément de base du langage
humain : un élément dit « discret »,
discontinu, c'est-à-dire qui n'a de valeur
que dans et par son opposition aux autres
éléments d'une langue, par exemple.
« *Dans la langue, il n'y a que des différences,
sans termes positifs.* » En lui-même,
un signifiant ne signifie rien. C'est au travers
de son articulation avec un autre signifiant
qu'il produit un effet, le signifié, tout en donnant
lieu à un sujet*. Dès qu'il est fait usage
d'un signifiant, il y a à la fois émergence
d'un signifié et avènement d'un sujet.

SPP : Société psychanalytique de Paris,
créée en 1926.

Stade du miroir : il s'agit plutôt d'un « effet
de phase », par lequel un être humain
(à partir d'un certain moment, et pour le reste
de son existence) apprend à se reconnaître,
en fait à partir d'une image que lui fournit
et que lui renvoie l'Autre*, une image
où il se plaît, mais dont en même temps
il ne cesse plus d'interroger la consistance,
la réalité et la provenance.

Subjectivation : c'est le processus par lequel
un être humain fait face à ce qui lui arrive,
à ses tâches et à ses devoirs : c'est la manière
dont il assume les signifiants* qui lui ont été
transmis par l'Autre* (les parents), mais aussi
l'usage qu'il fait de la sorte d'objet qu'il est
(produit d'un discours qui le précède
et le dépasse), le tout en son nom propre.
La subjectivation désigne à la fois l'assujettis-
sement d'un être humain à ses déterminations,
l'acceptation d'avoir à répondre de ce qu'il en
fait et aussi le consentement à la liberté
d'en faire un usage inédit, singulier.

Sujet : il se définit comme habitant du langage,
dans le rapport au signifiant* : le sujet est
représenté par un signifiant pour un autre
signifiant. Il est ainsi causé par le signifiant.
Ce qui veut dire qu'il est un effet, un « effet
de signification », mais qu'il est laissé

dans une certaine marge d'indétermination,
d'indéfinition, qui appelle de sa part une prise
de position, et où il va se produire comme
« réponse du réel* ». Le sujet se présente
donc comme capacité de répondre de,
et de répondre à ses déterminations.

Surmoi : en termes freudiens,
c'est l'intériorisation des interdits fondamentaux, au moment du déclin et de l'issue
du complexe d'Œdipe. En termes lacaniens,
c'est la jouissance* de la culpabilité
qui résulte de la lâcheté devant le désir*,
soit de l'incapacité ou du refus de l'assumer
comme tel (c'est-à-dire comme insatisfaction
foncière, comme manque radical).

Topique : chez Freud, c'est le système
des instances du psychisme (1re topique :
inconscient, préconscient, conscient ;
2e topique : ça, moi, surmoi*) qui fait
l'objet d'une représentation de type spatial,
relevant d'une sorte de géométrie,
science des lieux et des distances (obéissant
à une « psycho-métrie »).

Topologie : en mathématiques,
c'est l'étude du rapport entre les propriétés
invariantes des objets et les déformations
qu'éventuellement ils subissent
(par exemple : une chambre à air, un boyau,
un gant que l'on retourne) : ici, la notion
de distance n'est pas pertinente. Il n'est pas
question de mesure mais de voisinage,
de déplacement, de transformation,
de limite, de point de butée, de coinçage,
de rebroussement. Lacan a utilisé la topologie
pour tenter de faire une « présentation »
de la structure du sujet* pour autant que,
si on peut opérer sur celle-ci, on ne peut pas
se la représenter, se l'imaginer.
En effet, dans la topologie, on obtient,
mais seulement par des manipulations,
des modifications de certains objets
que l'on ne peut anticiper, à la différence
de ce que permet la géométrie.

formation Freud réinventer
la psychanalys

Bibliographie

ANSALDI (Jean), *Lire Lacan : l'éthique de la psychanalyse, le séminaire VII*, coll. « Psychanalyse », Édition du Champ Social, 1998.

CARRADE (Jean-Baptiste), *Recension des travaux de Jacques Lacan*, coll. « Les séries de la découverte freudienne », PUM, 1988.

CLÉMENT (Catherine), *Vies et légendes de Jacques Lacan*, coll. « Figures », Grasset, 1981.

COCHET (Alain), *Lacan géomètre*, coll. « Psychanalyse et pratiques sociales », Economica, 1998.

DIATKINE (Gilbert), *Jacques Lacan*, coll. « Psychanalystes d'aujourd'hui », PUF, 1997.

GODIN (Jean-Guy), *Jacques Lacan, 5 rue de Lille*, coll. « Fiction et Cie », Seuil, 1990.

JURANVILLE (Alain), *Lacan et la philosophie*, coll. « Quadrige », PUF, 1996.

LACAN (Jacques), *Écrits*, coll. « Points-Essais », Seuil, 1966.

LACAN (Jacques), *Le Séminaire*, dont le texte est établi par Jacques-Alain Miller. Sur les 27 séminaires tenus la plupart du temps à un rythme quasi hebdomadaire entre 1953 et 1981, seuls 10 sont parus aux éditions du Seuil au moment où nous écrivons ces lignes (19 ans après la mort de Lacan) :
Livre I, *Les écrits techniques de Freud* ;
Livre II, *Le moi dans la théorie de Freud et dans la technique de la psychanalyse* ;
Livre III, *Les psychoses* ;
Livre IV, *La relation d'objet et les structures freudiennes* ;
Livre V, *Les formations de l'inconscient* ;
Livre VII, *L'éthique de la psychanalyse* ;
Livre VIII, *Le transfert* ;
Livre XI, *Les quatre concepts fondamentaux de la psychanalyse* ;
Livre XVII, *L'envers de la psychanalyse* ;
Livre XX, *Encore*.

LEADER (Darian) et GROVES (Judy), *Lacan for beginners*, Icon Books Ltd., 1995. En anglais, mais quasiment sous forme de BD.

LEMAIRE (Anika), *Jacques Lacan*, coll. « Psychologie et sciences humaines », Bruxelles, Mardaga, 1988.

MILNER (Jean-Claude), *L'œuvre claire*, coll. « L'ordre philosophique », Seuil, 1995.

REY (Pierre), *Une saison chez Lacan*, Laffont, 1989.

ROUDINESCO (Élisabeth), *Jacques Lacan. Esquisse d'une vie, histoire d'un système de pensée*, Fayard, 1993.

VANIER (Alain), *Lacan*, coll. « Figures du savoir », Les Belles Lettres, 1998.

ZIZEK (Slavoj), *Le plus sublime des hystériques*, coll. « Problèmes actuels de la psychanalyse », Point Hors Ligne, 1998.

« De la communauté issue de l'enseignement de Lacan », *Essaim*, n° 1, Eres 1998.

Index *Le numéro de renvoi correspond à la double page.*

Aimée 6, 8, 32
Autre 10, 12, 16, 18, 20, 22, 24, 28, 32, 36, 46, 48, 50, 54
cartel 10, 40, 48, 50, 56, 58
désir 12, 18, 20, 22, 24, 28, 30, 32, 34, 36, 40, 42, 44, 46, 48, 50, 54, 58
dire 12, 28, 30, 36, 42, 54, 56
discours 12, 14, 16, 28, 30, 32, 34, 36, 42, 46, 48, 54, 58
forclusion du Nom-du-père 20

imaginaire 20, 34, 40, 50
jouissance 18, 20, 22, 24, 26, 28, 30, 32, 34, 36, 48, 50, 54, 56, 58
lettre 16, 22, 24, 34, 42
mathème 18, 34
nœud borroméen 34, 48
Nom-du-père 20, 44
objet *a* 22, 24, 28, 48, 50, 58
paranoïa 6, 8, 20, 32, 58
passe 22, 40, 48, 50, 52, 56, 58

pathème 34
réel 20, 24, 26, 30, 32, 34, 36, 42, 46, 48, 50, 52, 56, 58
signifiant 12, 14, 16, 18, 20, 24, 26, 28, 30, 34, 36, 42, 46, 50, 52, 54
Spinoza 4, 12
stade du miroir 6, 10, 16, 44, 50
symbolique 12, 20, 28, 34, 36, 50
sinthome 50, 54

Dans la collection *Les Essentiels Milan*
derniers titres parus

150 Les grandes interrogations esthétiques
151 Mythes et mythologies de la Grèce
152 Combattre l'exclusion
153 Le génie génétique
154 Les enfants dans la guerre
155 L'effet Téléthon
156 La francophonie
157 Petit précis de philosophie grave et légère
158 Du réalisme au symbolisme
159 Le stress
160 Jean-Paul II, le pape pèlerin
161 Les grandes interrogations de la connaissance
162 L'Algérie
111 Questions sur la Shoah
163 Du baroque au romantisme
164 La police en France
165 Le ministère des Affaires étrangères
166 L'argent de la France. À quoi servent nos impôts ?
167 Les violences conjugales
168 À quoi sert la grammaire ?
170 La sophrologie
172 Les présidents de la République française
173 L'empoisonnement alimentaire
174 Les styles en architecture

Dans la collection *Les Dicos Essentiels Milan*

Le dico du multimédia
Le dico du citoyen
Le dico du français qui se cause
Le dico des sectes
Le dico de la philosophie
Le dico des religions
Le dico des sciences
Le dico de l'amour et des pratiques sexuelles
Le dico de la psychanalyse et de la psychologie

Dans la collection
Les Essentiels Milan Du côté des parents

1 Le sommeil des bébés
2 Apprendre avec l'écran
3 Devenir parent d'adolescent
4 Pour une nouvelle autorité des parents
5 L'école maternelle
6 Les vrais dangers qui guettent l'adolescent
7 L'appétit des bébés
8 Comment va-t-il apprendre à lire ?
9 Devenir bon en mathématiques
10 L'intelligence de votre bébé…
11 Parent de fille, parent de garçon
12 Les passions de vos ados

Responsable éditorial
Bernard Garaude
Directeur de collection – Édition
Dominique Auzel
Secrétariat d'édition
Anne Vila
Correction – Révision
Carole Gamin
Iconographie
Sandrine Batlle
Conception graphique
Bruno Douin
Maquette
Isocèle
Fabrication
Isabelle Gaudon
Paula Salgado
Flashage
Exegraph

Liste des collaborateurs :
*Sidi Askofaré, Claude Léger, Laurence
Mazza-Poutet, Isabelle Morin, Albert
Nguyen, Bernard Nominé*

Crédit photos
© Ch. Taillandier - L'Express : pp. 3, 58
© Harlingue - Viollet : pp. 14, 44 /
© Coll. Petit - OPALE : p. 27 /
© Collection Viollet : p. 39 /
© Alpay - Sipa Press : p. 46 /
© Explorer - Mary Eavans : p. 58

*Les erreurs ou omissions
involontaires qui auraient pu
subsister dans cet ouvrage malgré
les soins et les contrôles de l'équipe
de rédaction ne sauraient engager
la responsabilité de l'éditeur.*

**© 2000 Éditions MILAN
300, rue Léon-Joulin,
31101 Toulouse Cedex 100 France**

Aubin Imprimeur, 86240 Ligugé . - D.L. avril 2000 . - Impr. 59854